Vielen Dank

Yvonne Wagner

Unterstützung und Ihr persönliches Engagement!

Herzlichst yW.

Mit vielen kleinen Übungen für die Fitness nebenbei

workout für faule

1. November 2004

Vorwort

Sie sind gerne faul, wären aber auch gerne ein bisschen fitter? Es steht Ihnen jedoch mehr im Weg als nur der innere Schweinehund? Denn eigentlich sind Sie kerngesund: normaler Blutdruck, gute Cholesterinwerte, kaum Übergewicht. Sie haben also gar keinen Grund, sich um der Gesundheit willen oder wegen irgendwelcher Schönheitsideale beim Sport zu »quälen«. Wenn da nicht doch hin und wieder dieser Wunsch nach einem festeren Bauch, starken Schultern oder einem knackigeren Po aufkeimen würde. In solchen Momenten schnappen Sie sich die Trainingsschuhe und schwören, von nun an mindestens dreimal pro Woche Laufen zu gehen – und das, obwohl Sie eigentlich gar nicht genug Zeit für drei Sporteinheiten in der Woche haben. Außerdem merken Sie bereits nach dem ersten Trainingsversuch, dass dies nicht der richtige Weg für Sie ist – ganz abgesehen von den schmerzenden Gelenken und dem Muskelkater der kommenden Tage.

Endlich haben Sie das richtige Buch für sich gefunden. Hier will Sie niemand über die vielen Vorteile des Sports aufklären. Schließlich wissen Sie schon lange, wie positiv sich regelmäßige, moderate körperliche Belastung auf Ihre Gesundheit und auf Ihr weiteres Wohlbefinden auswirken könnte. Sie aber fühlen sich jetzt schon wohl. Sie brauchen keinen moralischen Fingerzeig. Sie benötigen praktische Tipps und Übungen, die jederzeit anwendbar, leicht auszuführen und effektiv sind. Sie suchen ein Training, das Ihren Alltag nicht einschränkt, damit Sie unabhängig von Zeit und Ort üben können. Schließlich gibt es für Sie nichts Schlimmeres, als sich für den Sport noch mal extra auf den Weg machen zu müssen.

Selbst wenn Sie gar nicht so faul sind und es Ihnen nur an der nötigen Freizeit mangelt, sich einer ausgiebigen Muskelpflege hinzugeben, finden Sie in diesem Buch Anregungen, sich und Ihrem Körper ganz nebenbei etwas Gutes zu tun. Wenn Sie sich auf diese Vorschläge einlassen, gehen Ihnen mit der Zeit viele Bewegungsabläufe und Übungen in Fleisch und Blut über. Sie werden schon bald bemerken, dass Ihnen viele Alltagsbewegungen leichter fallen, dass der Hosenbund lockerer sitzt und dass der Rücken kaum noch schmerzt. Und dann – wenn auch derzeit kaum vorstellbar – fühlen Sie sich noch wohler als jetzt. Dabei benötigen Sie kaum besondere Auszeiten für Ihr Training. Denken Sie immer daran: Der Mensch ist jederzeit in der Lage, seinen Trainingszustand zu verbessern. Es ist also nie zu spät, und Sprüche wie »Das hat doch bei mir eh alles keinen Sinn« entbehren jeder Grundlage.
Etwas anderes ist das »Notprogramm für Eilige«. Hier geht's richtig zur Sache. Sie wagen ein kleines sportliches Abenteuer und bearbeiten gezielt Ihre persönlichen Problemzonen. Wenn Sie sich den Empfehlungen nach belasten, brauchen Sie keinen Muskelkater als Nebenwirkung zu fürchten. Freuen Sie sich viel mehr auf die angenehmen aufbauenden und straffenden Auswirkungen. Und falls der Muskelkater sich doch einmal meldet, finden Sie alles Wichtige zum Thema im Anschluss an das Notprogramm.
Bei aller Vielfalt werden dennoch nicht alle Tipps und Übungen Ihrem persönlichen Tagesablauf entsprechen oder sich darin integrieren lassen. Suchen Sie sich also die passenden Hinweise aus und stürzen Sie sich sofort in Ihr neues Lebensgefühl.

Viel Spaß dabei wünscht Ihnen Ihre

Yvonne Wagner

zuhause

Alltägliche Tagesabläufe

Morgenstund hat Sport im Mund

Vom Bett bis zum Frühstückstisch

Wer fit in den Tag starten will, muss nicht schon in aller Früh seine Runden durch den Park drehen. Auch im warmen Bett, im Badezimmer oder beim Frühstück können Sie viel fürs eigene Wohlbefinden tun.

Training im Bett – Üben ganz gemütlich

Der Wecker klingelt, und der Alltag hat Sie wieder. Doch springen Sie nicht gleich aus dem Bett, denn die erste Trainingseinheit können Sie gleich hier im kuschelig Warmen absolvieren.

Strecken Zunächst strecken Sie sich ausgiebig und machen sich ganz lang. Sie dehnen so Ihre Muskulatur und holen sie aus der etwas verkürzten Schlafhaltung. Recken Sie dann die Arme fest zur Seite. Spreizen Sie die gestreckten Beine so weit wie möglich.

Schieben Sie nun den rechten Arm und das linke Bein diagonal so weit wie möglich nach außen. Wechseln Sie dann die Seiten. Das Ganze wiederholen Sie auf jeder Körperseite ein- bis zweimal.

Bleiben Sie auf dem Rücken liegen, und schieben Sie die Arme parallel zum Körper in Richtung der Beine. Die Schultern drücken Sie dabei aktiv herunter.

Zum Schluss ziehen Sie die Knie zur Brust und machen den Rücken dabei ganz rund.

Pomuskulatur Für einen knackigen Po kneifen Sie so oft wie möglich die Pobacken kräftig zusammen und lassen Sie wieder locker.

Rollen Sie sich dann auf dem Rücken liegend ein. Dabei ziehen Sie die Knie an, legen die Arme darum und ziehen die Beine noch ein bisschen mehr zur Brust. So entspannen Sie den Gesäßmuskel und dehnen ihn zugleich.

Variante: Legen Sie sich auf den Rücken, und stellen Sie die Fersen fest auf die Matratze. Die Füße sind angezogen. Heben Sie nun das Becken ganz langsam an, bis sie ein deutliches Ziehen in der Pomuskulatur spüren. Nur die Lendenwirbelsäule hebt sich von der Unterlage. Senken Sie das Becken dann wieder, ohne es abzulegen. Wiederholen Sie den Bewegungsablauf etwa zehnmal. Rollen Sie sich dann zur Entspannung und Dehnung der Muskulatur ein, und ziehen Sie die Knie mit beiden Armen an die Brust.

Übrigens: Wenn Sie die Decke zurückschlagen, wird die Übung etwas leichter – das Bett aber leider kälter.

Beckenbodenmuskulatur

Der Beckenboden wird für sehr viele Frauen erst in der Schwangerschaft ein wichtiges Thema. Denn durch eine zu schwache Beckenbodenmuskulatur wird die Schwangerschaft unnötig erschwert, und es kann zu Begleit- bzw. Folgeerscheinungen wie Inkontinenz kommen. Dass man infolge der Muskelschwäche das Wasser z. B. beim Niesen, Husten oder Springen nicht einhalten kann, ist jedoch ein Problem, das auch bei Frauen auftreten kann, die nie ein Kind geboren haben. Eine zu schwache Beckenbodenmuskulatur ist zudem kein rein weibliches Thema, denn auch Männer können davon betroffen sein. Blasenschwäche und sogar Erektionsschwierigkeiten sind die Folge. Wer diesen Problemen vorbeugen oder entgegentreten will, widmet sich noch vor dem Aufstehen einem Beckenbodentraining.

Wenn Sie nicht genau wissen, wie Sie die Beckenbodenmuskulatur anspannen sollen, stellen Sie sich einfach vor, Sie wären auf der Toilette und müssten den Urinstrahl einhalten. Sie können es auch in der Praxis beim Toilettengang einmal ausprobieren. Aber nicht zu oft! Die Blase sollte nämlich immer komplett geleert werden. Falls dies durch die Kontraktionsübungen häufig vergessen wird, kann sich eine Reizblase ausbilden.

Beckenbodenmuskulatur Sie liegen entspannt auf dem Rücken und stellen die Füße auf. Spannen Sie die Beckenbodenmuskulatur nun ganz bewusst an. Ziehen Sie gleichzeitig den Bauch vorsichtig ein, und spannen Sie das Gesäß an. Dann lösen Sie die Muskelspannung wieder sanft.

Richtig aufstehen

Wenn Sie nun aufstehen, sollte dies möglichst rückenfreundlich geschehen. Rutschen Sie aus der Seitlage an die Bettkante, und schieben Sie die angewinkelten Beine nach vorn aus dem Bett. Gleichzeitig richten Sie den Oberkörper auf – nutzen Sie dabei das Gesäß als Drehpunkt, und stützen Sie sich mit den Armen ab. Neigen Sie den aufrechten Oberkörper etwas vor. Stützen Sie sich nun mit den Händen auf Ihren Oberschenkeln ab, und drücken Sie sich hoch.

Übrigens: Rückenschonendes Hinlegen funktioniert in umgekehrter Reihenfolge.

Wenn Sie auch beim Aufstehen schon Ihren Beckenboden trainieren wollen, dann ziehen Sie den Bauch und den Beckenboden ein. Spannen Sie auch zugleich den Po an, bevor Sie von der Matratze »abheben«.

Im Bad –
Manche mögen's heiß

Beim Duschen bringen Sie Ihren Kreislauf in Schwung – wechselnde Temperaturen helfen dabei. Es muss aber nicht immer der Wechsel zwischen heiß und eiskalt sein, auch geringere Temperaturunterschiede reichen, um wach zu werden. Damit Sie beim Abtrocknen oder Eincremen Ihren Rücken schonen, achten Sie darauf, dass Sie sich nicht unnötig bücken: Stellen Sie lieber ein Bein auf der Toilette oder einem Hocker ab, um alle Körperpartien besser erreichen zu können.

So bringen Sie Ihre Beine auf Trab

In nur drei Minuten können Sie viel für Ihre Beine tun. Zum Beispiel, während Sie Ihre Zähne putzen.

Wadenmuskulatur Gehen Sie auf die Zehenspitzen, und senken Sie die Fersen dann wieder. Spazieren Sie dabei einfach im Bad oder in der Wohnung umher. Wenn Sie wollen, lassen Sie sich von Hintergrundmusik motivieren und variieren die Auf-und-ab-Bewegungen. Sie können beispielsweise:

- die Ferse des jeweils vorderen Fußes mit jedem Schritt vom Boden wegdrücken und sanft wieder absetzen,
- mit jedem Schritt zweimal hintereinander auf- und abgehen,
- auf einer Stelle stehen bleiben und beide Fersen gleichzeitig anheben.

Sie entscheiden über das Tempo der Bewegungsausführung. Spannen Sie aber stets die Bauch- und Gesäßmuskeln an, damit Sie nicht ins Hohlkreuz fallen.

Mit der Wadenübung kommen Sie in Lauflaune. Außerdem werden die Beine schön stramm. Wenn Sie jeden Tag die Zeit während Ihrer Morgentoilette dafür nutzen, trainieren Sie zudem die Ausdauerleistungsfähigkeit Ihrer Wadenmuskulatur. Nach und nach werden Ihre Beine also belastbarer. Zu guter Letzt aktivieren Sie die so genannte Muskelpumpe, die den Blutrückfluss zum Herzen verbessert.

Wenn Sie spüren, dass Ihre Waden dem Training noch nicht gewachsen sind und Sie die Anstrengung schon nach kurzer Zeit nicht mehr aushalten, machen Sie kleine Pausen (etwa 10 Sekunden).

Oberschenkel Als alternative Zwischenübung bieten sich Kniebeugen an. Natürlich nicht im klassischen Sinne, mit gestreckten Armen und tief gebeugten Knien. Stellen Sie die Füße mehr als hüftbreit auseinander, und achten Sie auf eine gute Grundspannung im Bauch sowie auf eine aufrechte Korperhaltung. Die Fußspitzen zeigen leicht nach außen, während Sie die Beine beugen und strecken. Beugen Sie sie nur so weit, dass Ihre Knie immer noch hinter den Fußspitzen bleiben. Beim Hochgehen stoppen Sie kurz vor der Endstreckung. Wiederholen Sie den Ablauf 10- bis 15-mal.

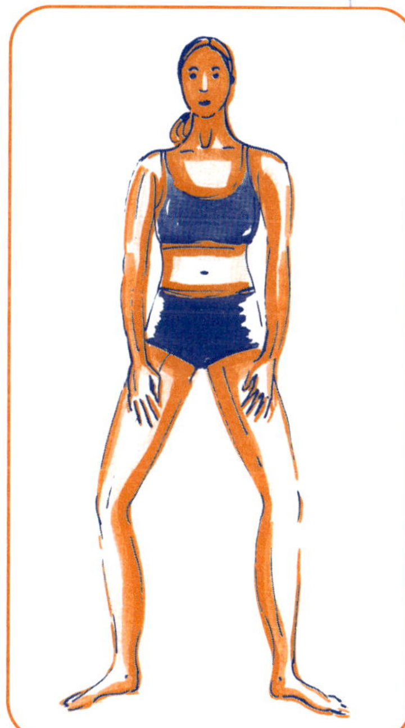

Eine interessante Variante ist das Federn in der gebeugten Knieposition. Etwa 15- bis 20-mal federn Sie dazu in kleinen Bewegungen auf und ab. Mit beiden Übungen trainieren Sie die Vorderseite der Oberschenkel.

Frühstückstraining – Entspannt in den Tag

Nutzen Sie die Zeit, in der der Kaffee durchläuft oder der Tee zieht, für eine kleine Dehnübung. Schließlich sollen Ihre Waden nach dem bewegten Vergnügen im Bad eine verdiente Entspannung bekommen.

Dehnübung Stützen Sie sich mit den Armen und leicht nach vorn geneigtem Oberkörper an einer Wand ab. Gehen Sie in Schrittposition. Das vordere Knie ist leicht gebeugt (das Knie bleibt hinter den Zehen zurück). Das hintere Bein wird gestreckt, die Ferse bleibt auf dem Boden. Diese Position halten Sie etwa 10 bis 20 Sekunden. Je größer der Ausfallschritt ist, umso stärker empfinden Sie die Dehnung. Achten Sie darauf, dass Bauch und Gesäß angespannt sind, damit Sie im Bereich der Lendenwirbelsäule nicht durchhängen. Je nach Zeitbudget wiederholen Sie diese Übung ein- bis dreimal pro Seite.

Diese Übung können Sie übrigens auch in anderen alltäglichen Situationen wiederholen. Es ist dabei nicht unbedingt erforderlich, sich mit den Händen abzustützen.

Gut in Form bei der Hausarbeit

Fit in einem Wisch

Wäsche waschen, Putzen, Bügeln oder Schreibkram. Wer bei der Hausarbeit die folgenden Tipps beachtet, schont sein Kreuz und trainiert zugleich seine Muskeln.

Machen Sie sich die Arbeit im Haushalt nicht unnötig schwer:

- Sorgen Sie für geeignetes Handwerkszeug. Ein Staubsauger beispielsweise braucht dringend ein Teleskoprohr, damit Sie dieses entsprechend Ihrer Körpergröße einstellen können.
- Steigen Sie nie auf Stühle. Die Unfallgefahr ist zu groß.
- Gehen Sie beim Bücken grundsätzlich in die Hocke. So stärken Sie die Beine, anstatt dem Rücken zu schaden. Wer Probleme hat, seine Knie maximal zu beugen, begibt sich nur auf halbe Höhe herab. Dann ist es vertretbar, den Oberkörper bei geradem Rücken nach vorn zu neigen.
- Vermeiden Sie unnatürliche Körperhaltungen. Quetschen Sie sich also nicht auf den Knien und mit verdrehtem Hals unter Ihr Bett, um darunter sauber zu machen. Legen Sie sich lieber auf den Bauch oder den Rücken. Die Position hängt natürlich immer von Ihrem Putzvorhaben ab. Wollen Sie die Unterseite eines Möbelstücks reinigen, ist Ihre Wirbelsäule in der Rückenlage bei aufgestellten Füßen gut unterstützt. In der Bauchlage trainieren Sie den Rückenstrecker und reinigen körperschonend den Boden unter dem Bett oder der Anrichte.

- Arbeiten Sie ökonomisch. Räumen Sie den Keller z. B. von vorn nach hinten auf. Die Gefahr, sich beim Übersteigen von altem Gerümpel, während man gleichzeitig etwas trägt, einen Bandscheibenvorfall einzuhandeln, ist viel zu groß. Nehmen Sie sich die Zeit, vorher alles aus dem Weg zu räumen. Wenn Sie diese Zeit nicht haben, verschieben Sie die Sache auf später.
- Manche Dinge kann man im Sitzen genauso gut erledigen wie im Stehen. Schließlich löst langes Stehen bei vielen Menschen Rückenbeschwerden aus. Wenn es die Arbeit zulässt, setzen Sie sich also ruhig hin.
- Noch besser ist es, wenn Sie Ihre Körperhaltung bei der jeweiligen Tätigkeit variieren. Das heißt, nach einiger Zeit im Stehen arbeiten Sie im Sitzen weiter, danach stehen Sie wieder. Beim Bügeln lässt sich diese Arbeitsweise besonders gut umsetzen. Achten Sie hierbei aber auf die richtige Höhe des Bügelbretts. Damit Ihre Nackenmuskeln nicht verspannen, sollte es im Stehen in etwa auf Bauchnabelhöhe eingestellt sein. Es tut Ihrer Wirbelsäule gut, wenn Sie zusätzlich einen Hocker benutzen, auf dem Sie ein Bein während der Arbeit angewinkelt abstellen. Im Sitzen sollten Knie- und Hüftgelenk maximal einen rechten Winkel einnehmen. Das Bügelbrett befindet sich auch hier auf Bauchnabelhöhe oder etwas höher. Keinesfalls sollten Sie sich während der Arbeit über das Bügelbrett beugen. Wenn die Höhe des Bretts richtig eingestellt ist, bleibt der Arbeitsarm gebeugt und der Oberkörper aufrecht und entspannt.

Eine tolle Alternative zum Stuhl ist ein Hocker, der hoch genug ist, um die Arbeit halb stehend, halb sitzend erledigen zu können. Der Vorteil: Der geringe Hüftwinkel trägt zur aufrechten Körperhaltung bei. Ab 80 Grad Hüftbeugung hingegen nimmt die Tendenz zum Rundrücken zu.

Spülmaschine – Knie beugen nicht vergessen

Beim Ein- oder Ausräumen der Spülmaschine sollten Sie Folgendes beachten: Öffnen Sie die Klappe von vorn, und ziehen Sie dann den Geschirrwagen von der Seite aus heraus. Beim Befüllen oder Ausräumen des unteren Wagens immer auf gebeugte Knie und geraden Oberkörper achten. Beim Schließen der Maschine wieder von der Seite aus den Wagen hineinschieben und die Klappe von vorn schließen. Wenn Sie Ihr Geschirr in tief liegende Schränke einräumen, vermeiden Sie es, sich zu bücken – denken Sie an die Kniebeugung.

Wäsche machen – Ab in die Hocke

Achten Sie darauf, dass Sie beim Ein- und Ausräumen der Waschmaschine in die Hocke gehen. Stellen Sie den Wäschekorb vor sich, damit Sie die Wäsche ohne Umwege in die Trommel geben können. Wenn Sie eine kleine Trainingseinheit brauchen, stellen Sie den Wäschekorb auf die Waschmaschine und bewegen sich für die jeweiligen Wäscheteile – wie ein Aufzug – immer auf und ab, bis alles in der Maschine verstaut ist. Achten Sie dabei darauf, dass Ihr Rücken immer ganz gerade bleibt.

Zirkeltraining

Es gibt immer wieder Momente, in denen man seiner Zeit voraus ist. Die Waschmaschine pumpt gerade noch ab oder schleudert die letzten Runden – es lohnt sich also nicht, noch einmal wegzugehen. Einfach abzuwarten, bis alles vorbei ist, betrachten Sie andererseits als Zeitverschwendung. Werden Sie aktiv! Absolvieren Sie doch einfach ein kleines Zirkeltraining.

Brustmuskulatur

Stellen Sie sich mit leicht gebeugten Knien und in aufrechter Haltung vor die Waschmaschine. Die Füße stehen hüftbreit auseinander. Bauen Sie eine Grundspannung in Gesäß und Bauch auf. Drücken Sie Ihre Hände vor der Brust mit den Handflächen zusammen, und heben Sie Ihre Ellbogen auf dieselbe Höhe wie Ihre Handgelenke an. Drücken Sie die Handflächen 15-mal impulshaft gegeneinander.

Oder: Halten Sie die Spannung etwa fünf bis acht Sekunden, lösen Sie sie wieder, und spannen Sie die Muskeln erneut an. Bei dieser Variante machen Sie aber nur zehn Wiederholungen.

Schulterblattmuskulatur Die Ausgangsposition ist die gleiche wie bei der Brustmuskelübung, allerdings heben Sie nun die Arme fast bis auf Schulterhöhe an und strecken sie nach vorn aus. Stellen Sie sich nun vor, dass Sie einen Gegenstand gegen einen Widerstand zu sich heranziehen. Achten Sie darauf, dass Sie Ihre Schulterblätter bei der Zugbewegung ganz zusammenführen. Denken Sie an einen gleichmäßig ausgeführten Bewegungsablauf. Bewahren Sie den Tonus (die Spannung) in der Rumpfmuskulatur, um das Ausweichen in der Lendenwirbelsäule zu vermeiden. Verzichten Sie auf ein ruckhaftes Zusammenziehen der Schulterblätter. Wiederholen Sie die Übung etwa 15-mal.

Schulter- und Nackenmuskulatur

Trainieren Sie diese Muskelgruppen, indem Sie so tun, als würden Sie mit Ihren Händen einen Gegenstand aus Hüfthöhe am Körper entlang – wieder gegen einen imaginären Widerstand – hochziehen. Etwas anstrengender wird es, wenn Sie die Arme gestreckt lassen und nach außen anheben. Die Schultern bleiben fest in der Ausgangsposition. Wiederholen Sie die jeweilige Übung 10- bis 15-mal.

Wenn die Waschmaschine immer noch läuft, beginnen Sie wieder mit der ersten Übung. Je nach Ihren zeitlichen Möglichkeiten machen Sie drei Durchgänge oder versuchen im Laufe des Tages die Übungsfolge zu wiederholen. Selbstverständlich verbessern Sie Ihre Fitness zusätzlich, wenn Sie die einzelnen Übungen in andere Alltagssituationen einbauen.

Telefonieren – Schluss mit der Nackenstarre

Telefonieren Sie gerne, während Sie die Hausarbeit erledigen? Besonders beliebt ist es, den Hörer zwischen Ohr und Schulter einzuklemmen, um beide Hände frei zu haben. Wenn das Gespräch dann beendet ist, schmerzt oft der Nacken. Schonen Sie Ihre Halswirbelsäule, indem Sie den Lautsprecherknopf drücken, der eventuell an Ihrem Telefon angebracht ist, oder greifen Sie auf eine spezielle Kopfhörer-Mikrofon-Kombination – ein so genanntes Head-Set – zurück, die Sie in jedem Elektrofachgeschäft bekommen.

Schnurlose Telefone für den Hausgebrauch verfügen in aller Regel nicht über eine Freisprecheinrichtung, und auch Head-Sets lassen sich meist nicht anschließen. Die Lösung: Tragen Sie bei längeren Gesprächen einfach ein Stirnband, mit dem Sie das Telefon am Kopf fixieren.

Schreibkram – Richtig sitzen, das A und O

Die meisten Arbeitgeber stellen ihren Mitarbeitern ergonomisch geformte und gut verstellbare Büromöbel zur Verfügung. Sind Ihr Schreibtisch und Ihr Stuhl zu Hause auch so gut wie im Büro? Ja! Prima! Falls nicht, muss man eben aus dem Bestehenden das Beste machen.

Gehen wir davon aus, dass Ihr Arbeitsbereich aus einem ganz normalen Schreibtisch, einem einfachen Bürostuhl oder irgendeinem anderen Stuhl besteht. Achten Sie schon beim Hinsetzen darauf, dass Sie sich mit dem Gesäß ganz nach hinten auf die Sitzfläche direkt an die Lehne setzen und die Füße fest und parallel auf den Boden stellen. Noch besser für die Haltung ist es, wenn Sie sich im Sanitätshaus ein Keilkissen besorgen. Sie müssen dann nicht bis ganz nach hinten an die Rückenlehne heranrutschen. Es reicht, wenn die Oberschenkel nur im hinteren, gesäßnahen Bereich aufliegen. Durch das Kissen wird das Becken aufgerichtet und ein Rundrücken vermieden.

Eine andere Möglichkeit, die Haltung zu optimieren, ist ein Ballkissen. Bei diesem beweglichen Kissen lässt man sich mitten auf der Sitzfläche nieder, auch hier bleibt der vordere Teil der Oberschenkel frei. Durch das etwas »wackelige« Sitzen wird die Rückenmuskulatur stärker gefordert und ist aktiver als bei einer unbeweglichen Sitzfläche.

Die Preise für ein Keilkissen liegen zwischen knapp 17.– und 30.– Euro. Ein Ballkissen liegt bei einem Standarddurchmesser von 33 cm bei etwa 25.– Euro. Für den individuellen Sitzkomfort sind auch andere Größen in Sanitätshäusern zu bekommen.

Wenn ein Computer auf Ihrem Schreibtisch steht, richten Sie die Höhe des Bildschirms so ein, dass Sie in aufrechter Sitzposition – Rücken an der Stuhllehne – geradeaus auf den Bildschirm blicken. Sie sollten möglichst »blind« schreiben, das schont Ihre Halswirbelsäule. Denn wenn man während der Arbeit am Computer immer wieder nach unten auf die Tastatur schauen muss, begünstigt das Verspannungen, die wiederum zu Kopfschmerzen führen können. Wenn es das Platzangebot zulässt, besorgen Sie sich einen Gymnastikball als Stuhlersatz. Der Ball hält Sie während der Schreibtischarbeit ständig in Bewegung und trainiert so Ihre Wirbelsäule.

Der Gymnastikball

Der Gymnastikball bietet dem Sitzenden eine aktive Unterlage. Fixpunkt sind die Füße, nicht das Gesäß. Wenn nur die Füße fest am Boden stehen, muss der Rest des Körpers durch die Muskelspannung stabilisiert werden. Ansonsten würde der Ball wegrollen. Zwar kann man auf dem Ball eine Fehlhaltung einnehmen, trotzdem ist die Muskulatur wesentlich aktiver. Kleinste Muskeln müssen dauernd arbeiten, um das Gleichgewicht zu halten. Außerdem wippen Sie immer ein wenig auf- und ab, was den Bandscheiben zugute kommt. Denn diese brauchen regelmäßige Druck- und Zugbelastungen, um elastisch zu bleiben.

Gymnastikbälle sind in verschiedenen Größen erhältlich und lassen sich so an jede Körpergröße anpassen. Der Ball passt zu Ihnen, wenn Ihre Fuß-, Knie- und Hüftgelenke beim Sitzen auf dem Ball einen rechten Winkel bilden. Der Ball muss prall mit Luft gefüllt sein, aber dennoch eine angenehme Sitzfläche bieten. Sie dürfen weder darin versinken noch abprallen.

Es gibt Bälle von unterschiedlichen Herstellern, die vor allem im Preis voneinander abweichen. Für den Hausgebrauch muss man nicht den teuersten Ball wählen. Vergleichen Sie die Angebote in Sportgeschäften, Sanitätshäusern, oder fragen Sie bei Ihrer Krankenkasse nach, ob sie Ihnen einen brauchbaren Ball zu guten Konditionen vermitteln kann. Falls Sie keine Ballpumpe haben, lassen Sie Ihren Ball im Geschäft aufpumpen. Bedenken Sie aber, dass Sie ihn dann in voller Größe transportieren müssen.

Ein Gymnastikball kostet etwa 25,– Euro. Je nach Körpergröße benötigen Sie einen Ball mit einem Durchmesser von 45 cm, 55 cm, 65 cm oder 75 cm. Die richtige Größe ermitteln Sie, indem Sie bei gestrecktem Arm den Abstand zwischen der Fingerspitze des Mittelfingers und dem Schultereckgelenk messen. Je nach Armlänge wählen Sie einen Ball mit dem entsprechenden Durchmesser aus.

Maßtabelle für den richtigen Balldurchmesser

Armlänge:	Balldurchmesser:
46–55 cm	45 cm
56–65 cm	55 cm
66–80 cm	65 cm
81–90 cm	75 cm

Schwere Lasten tragen – Schonen Sie Ihren Rücken

Das Tragen von schweren Gegenständen kann Ihren Rücken nachhaltig schädigen. Vor allem dann wenn Sie sich falsch belasten. Wer aber weiß, wie's richtig geht, schont nicht nur seinen Rücken, sondern trainiert gleichzeitig seine Muskulatur.

Lasten richtig anheben

Stellen Sie sich vor den Gegenstand, den Sie tragen wollen, z. B. einen Getränkekasten. Öffnen Sie die Beine so weit, dass der Kasten locker zwischen Ihre Beine passen würde. Es darf ruhig etwas mehr als Ihre Schulterbreite sein. Das Gesäß schieben Sie nach hinten unten (in Verlängerung der Wirbelsäule). Die Knie weit beugen (maximal 90 Grad). Der Rücken bleibt gerade, während Sie bei leicht vorgeneigtem Oberkörper mit den Händen nach dem Kasten greifen. Beim Strecken der Beine heben Sie den Getränkekasten bis zum Bauch an und führen ihn zugleich nahe an den Körper heran. Gleichzeitig gehen Sie in eine Schrittstellung über. So tragen Sie den Kasten vor dem Bauch, mit gebeugten Armen, rückenfreundlich und trainingseffektiv zu seinem Bestimmungsort.

Geübte können sich an zwei Getränkekisten gleichzeitig heranwagen. Stellen Sie sich dazu zwischen die Kästen. Gehen Sie in die Knie, und greifen Sie nach den Kästen, der Rücken bleibt gerade. Denken Sie auch hier daran, den Oberkörper nur leicht nach vorn zu bewegen und das Gesäß beim Beugen der Knie gleichmäßig nach hinten unten zu senken. Mit angespannter Bauchmuskulatur und leicht gebeugten Armen strecken Sie die Beine und gehen los.

Sperrige Lasten wie Weinkartons sind oft schwer anzuheben, da man sie nur schlecht greifen kann. Deshalb müssen Sie die Knie hier wirklich tief beugen, um den Rücken zu schonen. Sollte Ihnen die tiefe Kniebeuge Probleme bereiten, setzen Sie erst ein Knie auf dem Boden ab, greifen dann unter den Karton und heben ihn schon ein bisschen an. Der Oberkörper ist leicht vorgeneigt, der Rücken bleibt gerade, während Sie das Bein wieder aufstellen. Gleichzeitig befinden Sie sich bereits in der Aufwärtsbewegung und ziehen den Karton an den Bauch.

Während Sie die Last von einem zum anderen Ort tragen, leisten Ihre Muskeln Haltearbeit. Man nennt das isometrisches Training. Diese Trainingsform zeichnet sich durch Spannungsaufbau in der Muskulatur aus, während die Länge des Muskels unter Belastung gleich bleibt. Wenn eine bestimmte Grundposition eingenommen wurde, findet keine Bewegung im Gelenk statt. Nur die Spannung wird gehalten. Isometrisches Training ist geeignet, um Grundlagen für ein weiterführendes, dynamisches Training zu schaffen, bei dem eine bestimmte Bewegung einige Male hintereinander ausgeführt wird.

Wenn Sie häufig schwere Lasten tragen und dies richtig tun, trainieren Sie Ihre Bein-, Arm-, Bauch- und Rückenmuskulatur. Falls Ihnen eine Last zu schwer ist, sollten Sie davon ablassen und um Hilfe bitten oder die Last aufteilen. Es gibt z. B. Getränkekästen, die sich teilen lassen. Oft genügt ja auch ein »Six-Pack«. Man kann aber auch einige Flaschen aus einem großen Kasten herausnehmen.

Dynamisches Armtraining mit Getränkekästen

Für ein gezieltes dynamisches Armtraining wählen Sie am besten einen »Six-Pack«, also einen Kasten mit Saftflaschen oder einen teilbaren Träger, bei dem eine Hälfte sechs Flaschen enthält. 12-Flaschen-Kästen sind für das Training etwas unhandlich und eignen sich daher besser für isometrische Übungen (siehe oben).

Armtraining Stellen Sie sich vor den Getränkekasten. Spreizen Sie die Beine so weit, dass der Kasten zwischen Ihre Beine passt. Das Gesäß schieben Sie nach hinten unten. Die Knie beugen, der Rücken bleibt gerade. Neigen Sie den Oberkörper leicht nach vorn, und greifen Sie nach dem Getränkekasten. Beim Strecken der Beine heben Sie den Kasten bis zum Bauch an und führen ihn zugleich nahe an den Körper heran. Bleiben Sie mit schulterbreit auseinander stehenden Füßen und leicht gebeugten Knien stehen. Den Kasten halten Sie mit beiden Händen fest. Senken Sie ihn nun langsam, und heben Sie ihn vor der Endstreckung der Arme wieder an. Die Auf- und Abbewegung sollte ganz gleichmäßig sein. Wiederholen Sie den Ablauf 10- bis 15-mal.

Geschafft – Endlich aufs Sofa

Genug geschuftet. Endlich Zeit, um sich auszuruhen und einfach nur gemütlich auf dem Sofa zu liegen. Übrigens, selbst hier ist es möglich, etwas für sein Wohlbefinden zu tun. Es gibt beispielsweise Couchgarnituren, die die Wirbelsäule in ruhenden Positionen richtig unterstützen. Informationen zu solchen Produkten erhalten Sie bei »Aktion gesunder Rücken e.V.« (Adresse siehe Seite 110).

Wenn Sie sich nicht gleich neue Möbel kaufen wollen, sollten Sie beim Sitzen oder Liegen auf dem Sofa die Füße hochlegen. Die Knie dürfen dabei nicht völlig durchgestreckt sein, sondern müssen leicht angewinkelt bleiben. Das entlastet die Beine und fördert den Rückfluss des Blutes. Wenn Sie den Kopf auf der Rückenlehne ablegen können, stützt und entlastet das die Halswirbelsäule. Versuchen Sie, beiden Armen eine breite Auflagefläche zu bieten. Behelfen Sie sich mit einer zusammengerollten Decke oder einem großen Kissen. Denken Sie auch an eine ausreichende Hohe der »Armlehnen«. Die richtige Höhe gewährleistet, dass die Arme bequem aufliegen, wodurch die Muskulatur, die den Schultergürtel trägt, entlastet wird. Wechseln Sie hin und wieder Ihre Position. Denn ganz gleich, wie Sie sich halten: Wenn Sie sich zu wenig bewegen, wird die Belastung einseitig. Nehmen Sie also alle 20 bis 30 Minuten eine zumindest leicht veränderte Körperhaltung ein. Bringen Sie so Ihren Feierabend entspannt zu Ende. Danach fallen Sie ganz locker in Ihr Bett. Bis zum Morgen brauchen Sie sich dann erst einmal keine Gedanken mehr über Ihre Fitness zu machen.

unterwegs

Training immer und überall

Fit wie Schumi

Training auf vier Rädern

Der Berufsverkehr zehrt eigentlich immer an den Nerven. Ob kurze oder lange Wege, das spielt kaum eine Rolle. Die Zeit, die man im Auto verbringt, ist für die meisten Menschen verlorene Zeit. Damit Sie nicht jeden Morgen erneut mit dieser Gewissheit ins Auto steigen müssen, lassen Sie sich im Stau einfach auf einen neuen Zeitvertreib ein.

Nackenentspannung Wenn Sie mal wieder an der Ampel oder im Stau stehen, setzen Sie sich erst einmal aufrecht ans Steuer. Also: Gesäß nach hinten gegen die Rückenlehne schieben, den Blick geradeaus richten. Die Hände liegen locker auf dem Lenkrad, die Schultern nehmen Sie etwas zurück, und das Brustbein heben Sie leicht an. Ihr Kopf berührt die Kopfstütze. Neigen Sie nun den Kopf leicht zur Seite. Beide Schultern ziehen Sie dabei aktiv herunter. Verharren Sie etwa zehn Sekunden in dieser Position. Dann wechseln Sie die Seiten. Wenn möglich, wiederholen Sie diese Übung zwei- bis dreimal.

Auf vielen Autositzen hält man sich so krumm wie ein Kartoffelsack. Mit einer einfachen Übung können Sie diesem Zustand entgegenwirken. Aber auch wenn Ihr Fahrzeug über einen Sitz verfügt, der sich individuell auf den Fahrer einstellen lässt, kann das Training nicht schaden.

Sitzen Ziehen Sie die Zehen heran, und drücken Sie die Fersen auf den Boden. Spannen Sie Bauch und Gesäß an, und richten Sie dabei Ihr Becken auf. Schieben Sie Ihre Lendenwirbelsäule sanft gegen die Sitzlehne, und halten Sie Ihre Hände am Lenkrad so, dass die Arme leicht gebeugt sind. Üben Sie mit dem Handballen Druck auf das Lenkrad aus. Die Schultern nehmen Sie etwas zurück. Schauen Sie geradeaus. Ihr Hinterkopf berührt die Kopfstütze leicht.

Mit dieser Übung erreichen Sie Ihr Ziel aufrecht und bringen zudem Ihre Muskulatur in ein gutes Verhältnis von Spannung und Entspannung. Übrigens arbeitet bei diesem Training Ihr ganzer Körper, es ist also keinesfalls etwas für »Laschis«. Mit dieser isometrischen Anspannungsform erreicht man je nach individuellen Voraussetzungen die ersten Grundlagen für eine besser ausgeprägte Muskulatur. Sie können die Übung auch ohne die Anspannung in den Beinen ausführen. Wenn sich das Fahrzeug beim »Stop-and-go« häufig in Bewegung setzt, ist das angenehmer.

Richtig sitzen – Entspannt fahren

Anstatt sich selbst zu verbiegen, sollte man besser den Autositz an die körperlichen Voraussetzungen anpassen. Stellen Sie die Sitzhöhe so hoch wie möglich ein. Beim Fahren sind die Beine leicht angewinkelt, wenn die Füße die Pedale berühren. Die Oberschenkel sollen möglichst locker aufliegen. Eine einstellbare Sitzneigung unterstützt die Lage der Oberschenkel. Wenn Ihr Sitz über eine Sitzflächenverlängerung verfügt, achten Sie darauf, dass die Sitzfläche zwei bis drei Fingerbreit vor der Kniekehle endet. Der Winkel zwischen Rückenlehne und Sitzfläche soll etwa 110 Grad betragen. Der obere Beckenrand und der Lendenwirbelbereich sollte maximal unterstützt werden. Falls Ihr Sitz keine Lordosestütze hat, können Sie ein Lordosekissen aus dem Fachhandel verwenden.

Die Schultern haben direkten Kontakt zur Lehne, die Arme sind leicht angewinkelt, und die Hände umfassen das Lenkrad in der so genannten Zehn-vor-zwei-Stellung. Sehen Sie geradeaus, und bleiben Sie mit dem Hinterkopf nahe an der Kopfstütze. Der richtige Abstand beträgt zwei Zentimeter. Die Oberkante der Kopfstütze sollte sich in Höhe der Augenbrauen befinden.

Ein Lordosekissen stützt Ihre Lendenwirbelsäule, indem es für eine anatomisch richtige Position sorgt. Sie setzen es an der Stelle ein, wo man üblicherweise gerne von einem Hohlkreuz spricht. Testen Sie es vor dem Kauf an Ihrem Autositz, denn die Kissen sind in unterschiedlichen Größen erhältlich. Die Preise variieren zwischen 17.– und 30.– Euro.

Tipps für den Sitzkauf – Worauf Sie achten müssen

Wer viel Zeit in seinem Auto verbringt, sollte über den Kauf eines passenden Sitzes nachdenken. Aber nicht jeder Autositz, der toll aussieht, passt auch zu Ihnen.

- Beachten Sie Ihre Größe und Ihr Gewicht hinsichtlich der Sitzbreite, -flächenlänge und Lehnenbreite.
- Die gesamte Wirbelsäule sollte von der Lehne abgestützt werden und diese deshalb entsprechend geformt sein. Dabei ist das oberste Ziel die Entlastung der Bandscheiben. Deshalb stützt ein guter Autositz mit seiner Lehne vor allem die Lendenwirbelsäule im Bereich des oberen Beckenrandes.
- Die Kopfstütze sollte in Höhe und Neigung den anatomischen Voraussetzungen des Fahrers leicht anzupassen sein.
- Wenn es möglich ist, die Seitenwangen der Sitzlehne zu verstellen, bietet das einen guten Halt bei Kurvenfahrten.
- Wer häufig ins Auto ein- oder aussteigt, z. B. Taxifahrer oder Fahrlehrer, sollte bei der Sitzfläche des Sitzes auf eine flache Seitenführung achten.
- Sind Sitzhöhe und Sitzneigung einstellbar? Wer höher sitzt, positioniert sein Becken besser und hat einen guten Überblick. Die Einstellung der Sitzneigung ist wichtig, da sich das Körpergewicht bei korrekter Auflage der Oberschenkel besser verteilt. Deshalb ist es auch wichtig, die Sitzflächenlänge an die persönlichen Körpermaße anpassen zu können.
- Ein atmungsaktiver Sitz macht die Hitze im Sommer erträglicher und lässt Sie im Winter bei eingeschalteter Sitzheizung nicht ins Schwitzen kommen.
- Wenn Sie Ihren Autositz erneuern wollen, erkundigen Sie sich, ob Sie den neuen Sitz auch in ein später erworbenes Fahrzeug übernehmen können.

Pendler-Workout

Im Bus oder in der Bahn

Sie wollen den Arbeitstag stressfrei beginnen und fahren deshalb mit öffentlichen Verkehrsmitteln zur Arbeit? Dann nutzen Sie die oft langweilige Fahrzeit am besten für ein kleines Fitnessprogramm.

Sit down – Training im Sitzen

Auch in öffentlichen Verkehrsmitteln ist es wichtig, Haltung zu bewahren. Wenn Sie sich setzen, rutschen Sie daher mit dem Gesäß ganz nach hinten. Ihr Rücken ist gerade und berührt die Lehne. Die Füße stehen fest auf dem Boden. Sollten Sie sich eine Zeitung oder ein Buch mitgenommen haben, ist nun der richtige Zeitpunkt gekommen, um Ihre obere Rückenmuskulatur fit zu machen.

Obere Rückenmuskulatur Heben Sie die Lektüre etwa bis auf Augenhöhe an. So bleibt Ihre Halswirbelsäule entspannt, und die Muskulatur der Arme und des Schultergürtels wird beansprucht und trainiert. Nach einiger Zeit spüren Sie diese Anstrengung ganz deutlich. Senken Sie die Arme dann einfach, und entspannen Sie zugleich Ihre Augen mit einem Blick aus dem Fenster. Vergessen Sie aber nicht, nach kurzer Zeit wieder zu lesen, schließlich wollen Sie fit werden, oder?

Stand up –
Trotzen Sie der Schwerkraft

Das Stehen hat gegenüber dem Sitzen gewisse Vorteile. So ist es sehr unwahrscheinlich, dass Sie beim Stehen in Bus oder Bahn eine allzu starre Position einnehmen, die den Bewegungsapparat belastet. Versuchen Sie also einem freien Sitz zu widerstehen. Sichern Sie sich lieber den Platz an einer Stange oder Halteschlaufe. So können Sie zwar schlechter lesen, trainieren aber Ihre Körperspannung. Stehen Sie stets schulterbreit. Halten Sie die Knie leicht gebeugt und den Oberkörper aufrecht. Bauen Sie Spannung auf, indem Sie den Bauch ein- und die Pobacken fest zusammenziehen. So gleichen Sie übrigens auch ein übermäßiges »Hohlkreuz« in der Lendenwirbelsäule aus. Strecken Sie Ihre Brustwirbelsäule, und halten Sie die Schultern aktiv unten.

Denken Sie daran, dass der Kopf meist der Blickrichtung folgt, schauen Sie daher nicht dauernd nach unten. Es gibt in öffentlichen Verkehrsmitteln bestimmt Angenehmeres zu sehen als den schmutzigen Boden. Außerdem verursacht der stiere Blick nach unten nur neue Verspannungen. Mit abwechselndem Lösen und erneutem Aufbauen der beschriebenen Grundspannung schaffen Sie den idealen Wechsel zwischen Be- und Entlastung für die betreffenden Muskelgruppen.

Die leicht gebeugten Knie ermöglichen es übrigens, aktiv auf die Bewegungen von Bus oder Bahn reagieren zu können. Sie geben einfach leicht nach, ohne dabei umzufallen. Ihre Muskulatur wird dabei ständig gefordert, da sie sich den Bewegungen des Fortbewegungsmittels anpassen muss. Falls Sie eine längere Zugfahrt vor sich haben, gehen Sie ruhig einmal auf und ab. Das sorgt für zusätzliche Bewegung.

Beim Einkaufen

Gesundes Shopping

Vollgepackte Tüten, schwere Körbe, ein quengelndes Kind an der Hand – so sieht der alltägliche Einkaufshorror aus. Gegen ungeduldige Kinder lässt sich mit einem Fitnessbuch nichts ausrichten. Ein paar Tipps, um den Einkauf aber ohne unnötige Verspannungen zu überstehen, sind jedoch ganz einfach zu vermitteln.

Hände weg vom Warenkorb – Mit dem Einkaufswagen läuft's

Der wichtigste Tipp für entspanntes Einkaufen lautet: Nehmen Sie niemals einen Warenkorb. Selbst wenn Sie nur eine Kleinigkeit besorgen wollen, kommt meistens doch noch etwas mehr hinzu, und schon wird der Korb zu schwer. Die einseitige Belastung führt dann dazu, dass Sie sich verstärkt zu einer Seite hin neigen. Diese Fehlhaltung verursacht Verspannungen und belastet die Bandscheiben. Versuchen Sie also immer einen Einkaufswagen zu ergattern.

Wahrscheinlich können Sie sich die Zeit für Ihren Einkauf nicht immer aussuchen. Da kann das Warten an der Kasse nicht nur nervig sein, sondern auch Rückenschmerzen verursachen. Entlasten Sie den Rücken, indem Sie ein Bein auf der Getränkekistenhalterung des Einkaufswagens abstellen.

Auf dem Heimweg – Die Balance ist wichtig

Für den Heimtransport sollten Sie sich bereits von zu Hause ein paar Tragetaschen mitbringen, die sich besser halten lassen als Plastiktüten, die in die Hände einschneiden. Noch besser ist ein Rucksack, der die Last auf ideale Weise verteilt. Wenn Sie dennoch lieber auf Taschen zurückgreifen, verteilen Sie Ihre Einkäufe auf mindestens zwei Tragehilfen. Eine bis oben hin bepackte Tasche lässt sich kaum noch greifen. So verspannt sich nicht nur Ihre Rückenmuskulatur, sondern auch die der Hand, und Sie fügen Ihren Fingern unnötige Schmerzen zu. Wenn Sie zu Fuß unterwegs sind, übernimmt je eine Hand eine Last. Lassen Sie dabei die Arme nicht hängen. Das Gewicht belastet sonst Ihre Nackenmuskulatur, die dadurch verspannt. Beugen Sie die Arme etwas, damit diese das Gewicht übernehmen und es außerdem zu einem Trainingseffekt kommt. Sie werden spüren, wie einfach es ist, aufrecht und erhobenen Hauptes nach Hause zu kommen.

Einkaufen mit dem Auto

Wer mit dem Auto einkaufen fährt, sollte den Einkaufswagen bis zu seinem Fahrzeug schieben. Beim Umladen müssen Sie darauf achten, dass der Rücken möglichst gerade bleibt. Gehen Sie also in die Knie, anstatt zu »buckeln«. Vermeiden Sie, nur den Oberkörper zu drehen, während Ihre Beine fest auf dem Boden stehen. Wenn eine Drehung unbedingt erforderlich scheint, halten Sie die Last körpernah und spannen die Bauchmuskulatur an. So stabilisieren Sie Ihre Lendenwirbelsäule und schützen sie vor Überlastung.

im beruf

Geht nicht, gibt's nicht

Arbeiten im Sitzen

Das Kreuz mit den Rückenschmerzen

Wer kennt das nicht: Rückenbeschwerden, Spannungskopfschmerz oder einfach eine verkrampfte Nackenmuskulatur. Sehr viele Menschen, die im Büro arbeiten, plagen sich am Ende eines arbeitsreichen Tages damit herum. Ursache sind Bewegungsmangel, einseitige Belastungen und vor allem zu langes Sitzen. Denn gerade das Sitzen ist für die menschliche Wirbelsäule besonders anstrengend.

Schluss mit der Fehlbelastung – Bleiben Sie in Bewegung

Natürlich wissen Sie bereits, dass das viele Sitzen im Job Gift für Ihre Wirbelsäule ist. Doch was können Sie schon dagegen tun, schließlich müssen Sie ja während der Arbeit sitzen. Die folgenden Tipps und Übungen werden Ihnen zeigen, wie Sie trotzdem aktiv werden und beweglich bleiben können. Ganz im Sinne dieses Buches werden Sie mit minimalem Aufwand maximale Erfolge erzielen.

Dynamisches Sitzen

Um im Büro fit und leistungsfähig zu bleiben, ist das so genannte dynamische Sitzen Grundvoraussetzung. Wechseln Sie im Laufe des Tages Ihre Sitzpositionen. Vergessen Sie also die Mär vom »Zappelphilipp« – der war seiner Zeit weit voraus. Bewegen Sie sich beim Sitzen auf dem Stuhl: Mobilisieren Sie Ihre Lendenwirbelsäule, indem Sie das Becken aufrichten oder kippen. Bewegen Sie Ihren Rumpf, und strecken Sie sich.

Stehen Sie außerdem zwischendurch von Ihrem Schreibtisch auf, und lockern Sie sich ein wenig. So entlasten Sie Ihre Wirbelsäule und machen Ihren Geist frei für neue Gedanken. Stehen Sie beispielsweise beim Telefonieren auf. So bekommen Sie ganz nebenbei die nötigen »Sitzpausen«. Wippen Sie zudem während des Gesprächs auf den Zehenspitzen. Keine Sorge, Ihr Gesprächspartner bemerkt nichts davon – Sie bringen höchstens mehr Schwung ins Telefonat. Erheben Sie sich auch vom Bürostuhl, wenn Sie sich Notizen machen.

Wenn Sie diese beiden »Trainingseinheiten« zur Gewohnheit werden lassen, beginnen viele bisher inaktive Muskeln, endlich wieder zu arbeiten und den passiven Bewegungsapparat (Skelett) zu stützen. Sie leisten damit innerhalb Ihrer Bürozeit dynamische Muskelarbeit und fördern die natürliche Bewegungsform der Muskeln. Die natürliche Be- und Entlastung der Muskulatur und der Bandscheiben sorgt zudem für eine bessere Durchblutung und für eine erhöhte Nährstoffversorgung der betroffenen Partien.

Längere Arbeitsphasen im Sitzen sollte man spätestens nach einer halben Stunde kurzzeitig unterbrechen oder, wenn möglich, im Stehen fortsetzen. Dabei ist es für Ihren Rücken und Ihre Muskulatur angenehmer, die Steh- und Sitzphasen häufiger zu wechseln, als ein oder zwei lange Stehphasen einzuplanen.

Der Bürostuhl – Sitzen Sie sich fit!

Der richtige Stuhl trägt entscheidend zum entspannten und effizienten Arbeiten bei. Ein guter Bürostuhl stützt die Wirbelsäule und ermöglicht wechselnde Arbeitshaltungen. Dazu benötigt er eine bewegliche und einstellbare Rückenlehne sowie eine Lendenwirbelsäulenabstützung, die höhenverstellbar ist und die Wirbelsäule ständig begleitet. Eine anatomisch geformte Sitzfläche unterstützt die korrekte Beckenstellung, gleichzeitig vermeidet sie ein Nach-vorne-Rutschen auf dem Sitz. Ein atmungsaktives Polster verhindert Wärme- und Feuchtigkeitsstaus. Die Sitztiefenfederung beugt Wirbelstauchungen beim Hinsetzen vor.

Den Stuhl richtig einstellen

Ihr Stuhl kann Sie natürlich nur dann optimal unterstützen, wenn Sie ihn richtig einstellen: Setzen Sie sich mit dem Gesäß direkt an die Rückenlehne auf die Sitzfläche. Die Sitzhöhe sollte so eingestellt sein, dass das Kniegelenk einen 90-Grad-Winkel bildet. Dabei müssen die Füße fest auf dem Boden stehen. Die Rückenlehne muss die Wirbelsäule im unteren Lendenwirbelbereich abstützen.

Beim Sitzen am Schreibtisch sollte das Ellbogengelenk einen 90-Grad-Winkel bilden, wenn die Unterarme waagerecht und locker auf der Arbeitsfläche liegen. Falls Ihr Schreibtisch zu hoch ist und sich nicht verändern lässt, ist eine höhen- und neigungsverstellbare Fußstütze eine tolle Sache. Sie können dann Ihren Bürostuhl höher einstellen und an die Arbeitsfläche anpassen.

Training im Sitzen – Keiner sieht's, keiner merkt's

Vielen Menschen ist es unangenehm, bei der Arbeit Dinge zu tun, die vielleicht nicht jeder Unbeteiligte einordnen kann. Deshalb sind die folgenden Übungen so ausgewählt, dass sie praktisch unbemerkt durchgeführt werden können und sich in Ihren Arbeitsablauf einbauen lassen.

Körperspannung Die folgende Übung dient der Muskelkräftigung und verbessert Ihre Haltung. Setzen Sie sich auf die Sitzfläche Ihres Bürostuhls, und rutschen Sie mit dem Gesäß direkt an die Rückenlehne. Die Sitzhöhe sollte so eingestellt sein, dass das Kniegelenk einen 90-Grad-Winkel bildet. Die Füße stehen fest auf dem Boden. Drücken Sie nun die Füße gleichmäßig nach unten. Damit erreichen Sie Spannung in den Beinen, und Ihr Becken richtet sich von selbst auf. Diese Aufrichtung setzt sich bis zur Brust- und Halswirbelsäule fort. Unterstützen Sie die aufrechte Haltung, indem Sie Ihre Unterarme auf dem Tisch ablegen. Formen Sie nun die Hände zu Kuppeln, und drücken Sie Handballen, Daumen und Fingerspitzen auf die Unterlage. Die Schultern schieben Sie aktiv herunter. Halten Sie die Spannung ein paar Sekunden, und wiederholen Sie die Übung beliebig oft.

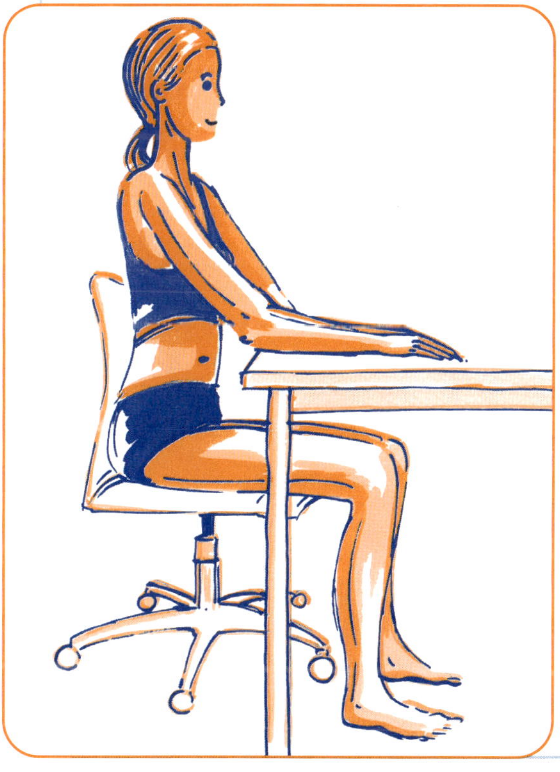

Rücken und Gesäßmuskulatur Setzen Sie sich wie zuvor beschrieben auf Ihren Stuhl. Die Füße haben Bodenkontakt und stehen etwas weiter als Schulterbreite auseinander. Richten Sie den Oberkörper auf. Legen Sie die Hände an die Ohren, und bringen Sie die Ellenbogen auf Schulterhöhe. Der Blick geht geradeaus. Halten Sie die Position einige Sekunden.

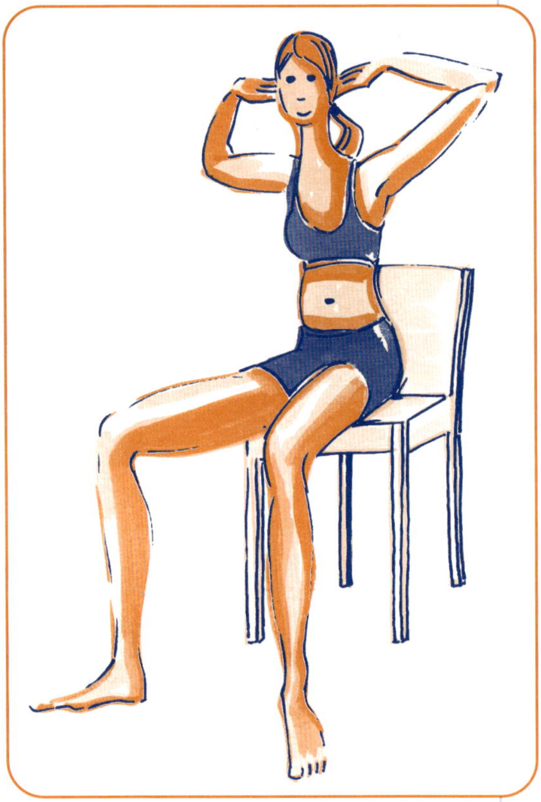

Steigern Sie die Intensität, indem Sie den Oberkörper etwas vorneigen und in dieser Haltung verharren. Heben Sie danach Ihr Gesäß an, und bleiben Sie einen kurzen Moment in dieser Position.

Am Ende der Übung gehen Sie Schritt für Schritt wieder in die Ausgangsposition zurück oder stehen auf.

Versuchen Sie diese Übung vor jedem Aufstehen durchzuführen. Das trainiert Ihre Rückenstreck- und die Gesäßmuskulatur besonders effektiv. Wenn Ihnen dies nicht möglich ist, sollten Sie wenigstens darauf achten, dass Sie sich richtig erheben. Dazu neigen Sie den aufgerichteten Oberkörper etwas nach vorne, während Sie sich mit den Händen auf den Oberschenkeln oder Armlehnen abstützen. Aus den Knien und Hüften heraus drücken Sie sich dann nach oben. Atmen Sie dabei ruhig und gleichmäßig weiter! Wer die Luft anhält, verkrampft leicht. Übrigens: Auch beim »normalen« Aufstehen können Sie eine Trainingseinheit einbauen.

Bauch-, Gesäß- und Beckenbodenmuskulatur In dem Moment, in dem Sie sich nach vorn neigen, um aufzustehen, ziehen Sie den Bauch ein. Fühlen Sie, wie Sie Ihren Beckenboden nach innen ziehen, und spannen Sie das Gesäß an (die Pobacken fest zusammenpressen). Mit dieser Methode haben Sie automatisch eine aufrechte Haltung eingenommen. Halten Sie die Gesäßspannung so lange wie möglich. Gehen Sie dann den ersten Schritt, und versuchen Sie, weiterhin das Gesäß anzuspannen. Nicht aufgeben, mit der Zeit wird Ihnen das gelingen. Jeder, der dann hinter Ihnen geht, wird Sie um Ihr knackiges Hinterteil beneiden.

Vielleicht sorgen Sie sich aber gar nicht so sehr um Ihr Gesäß als vielmehr um den Umfang Ihrer Oberschenkel. Denn der »Schwabbel« an den Beinen ist schuld an Ihrer ungeliebten Hosengröße. Das folgende Oberschenkeltraining ist ideal fürs Büro geeignet, denn es ist gerade bei einer sitzenden Tätigkeit besonders leicht und unauffällig durchzuführen.

Oberschenkelinnenseite Die Innenseite der Oberschenkel festigen Sie, indem Sie im Sitzen die Knie zusammenführen und fest gegeneinander pressen. Halten Sie die Spannung fünf bis acht Sekunden, dann lösen Sie sie wieder. Sitzen Sie gerade und entspannt. Wiederholen Sie die Übung 20-mal. Insgesamt sollten Sie drei Durchgänge mit jeweils 10 bis 15 Sekunden Pause dazwischen machen.

Variante 1: Wenn Ihnen das stetige Zusammenpressen auf Dauer zu langweilig ist, können Sie die Knie auch in regelmäßigen Impulsen zusammendrücken. Zählen Sie 15 bis 20 Impulse, und entspannen Sie wieder. Wiederholen Sie diese Übung drei- bis fünfmal. Falls Sie bei der Arbeit die Möglichkeit haben, Musik zu hören, können Sie sich auch nach deren Rhythmus richten.

Wenn es Ihnen bei dieser Übung unangenehm ist, die Knie fest aneinander zu pressen, können Sie auch einen Gegenstand (z. B. ein Kissen oder ein Buch) zwischen die Beine klemmen.

Variante 2: Spannen Sie während der Übung zusätzlich den Po an. Das bringt doppelte Wirkung, da nicht nur die Oberschenkelinnenseite, sondern auch die Gesäßmuskulatur trainiert wird. Die Übung sieht dann allerdings für Unbeteiligte recht lustig aus, weil man sich während der Anspannung auf- und bei der Entspannung wieder abbewegt. Lassen Sie sich aber nicht aus dem Konzept bringen, wenn Sie jemand darauf anspricht, denn Sie tun schließlich etwas für Ihre Fitness. Wenn es doch unangenehm für Sie ist, heben Sie sich diese Übung für zu Hause auf.

Bei diesen Übungen trainieren Sie durch die stetige Grundspannung auch Ihre Bauchmuskulatur.

Bei jedem Training ist es besonders wichtig, für Ausgewogenheit zu sorgen. Das gilt für bequeme und aktive Zeitgenossen gleichermaßen. Deshalb sollten Sie innerhalb Ihres gesamten Fitnessprogramms darauf achten, nach Möglichkeit immer auch die entgegengesetzten Muskelgruppen zu beanspruchen.

Oberschenkelaußenseite und Po

Suchen Sie sich eine »Lücke«, zwischen die Sie die Beine stellen und die Außenseite der Knie anlegen können. Ideal ist es natürlich, wenn Ihr Schreibtisch rechts und links einen Schubkasten hat. Sitzen Sie aufrecht auf Ihrem Stuhl, und stellen Sie die Füße hüftbreit auseinander. Füße und Knie zeigen in dieselbe Richtung, und die Fußsohlen haben festen Bodenkontakt. Öffnen Sie nun die Beine, und drücken Sie die Außenseiten der Knie und Unterschenkel gegen den jeweiligen Widerstand. Halten Sie die Spannung fünf bis acht Sekunden, dann lösen Sie sie wieder. Wiederholen Sie die Übung 20-mal. Insgesamt sollten Sie drei Durchgänge mit jeweils 10 bis 15 Sekunden Pause dazwischen machen.

Während der Übung spüren Sie neben der Spannung in den Beinen auch eine deutliche Gesäßspannung. Sie erreichen also gleich zwei Trainingseffekte.

Atemtechnik

Wichtig für Ihr Bürotraining ist eine gleichmäßige Atmung. Folgende Atemtechnik hat sich bewährt: Immer dann, wenn Sie Ihre Muskulatur anspannen, atmen Sie aus. Bei der Entspannung atmen Sie wieder ein. Bei Impulsbewegungen atmen Sie einfach ruhig und gleichmäßig weiter.

Work out! –
Zeigen Sie, was in Ihnen steckt

Die folgenden Trainings befassen sich mit den Arm- und Brustmuskeln. Man wird also zwangsläufig sehen, dass Sie während der Arbeit trainieren. Sind Sie dazu bereit? Trauen Sie sich.

Mehr Power für den Oberkörper

Mit den Beinübungen, die Sie bequem und praktisch unsichtbar »unter« dem Schreibtisch ausführen können, tun Sie viel für kräftige Bein- und Pomuskeln. Doch ist nicht nur ein knackiger Po interessant. Starke Arme und gut ausgeprägte Brustmuskeln wirken genauso verführerisch. Ein tägliches Trizepstraining mit Unterstützung der Armlehnen des Stuhls oder der Schreibtischplatte verspricht gute Erfolge.

Trizeps Sie sitzen aufrecht auf Ihrem Bürostuhl und stützen sich mit Ihren Händen rechts und links auf den Armlehnen ab. Heben Sie nun Ihr Gesäß mit Hilfe der Armstreckung an. Kurz vor der vollen Streckung beugen Sie die Arme langsam wieder. Setzen Sie sich aber nicht, sondern strecken Sie die Ellbogen erneut. Heben und senken Sie den Körper 10- bis 15-mal, und wiederholen Sie die Übung mehrmals am Tag.

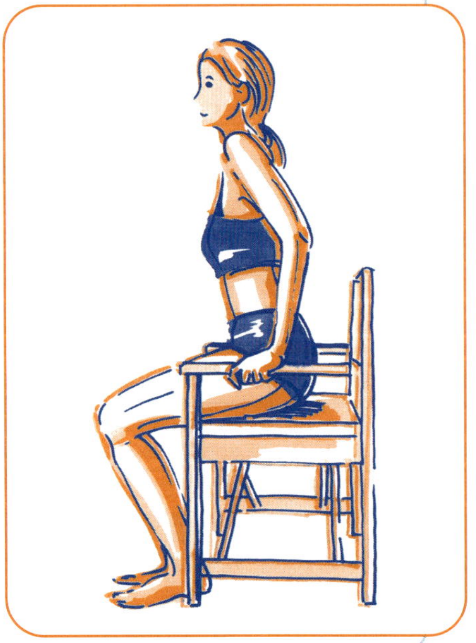

Variante: Falls Ihr Stuhl keine Armlehnen hat oder Ihnen die ganze Sache zu wackelig ist, üben Sie am Schreibtisch. Stellen Sie sich dazu mit dem Rücken zur Schreibtischplatte. Die Hände am Rand des Schreibtischs abstützen und die Füße so weit nach vorn stellen, dass die Knie gestreckt bleiben, wenn Sie die Ellbogen beugen. Stabilisieren Sie nun Ihre Lendenwirbelsäule, indem Sie Ihre Bauch- und Gesäßmuskulatur anspannen. Senken Sie den Körper durch das Beugen der Arme, und heben Sie ihn dann wieder an. Die Arme sollten nie ganz gestreckt sein. Auch hier reichen mehrmals am Tag 10 bis 15 Wiederholungen.

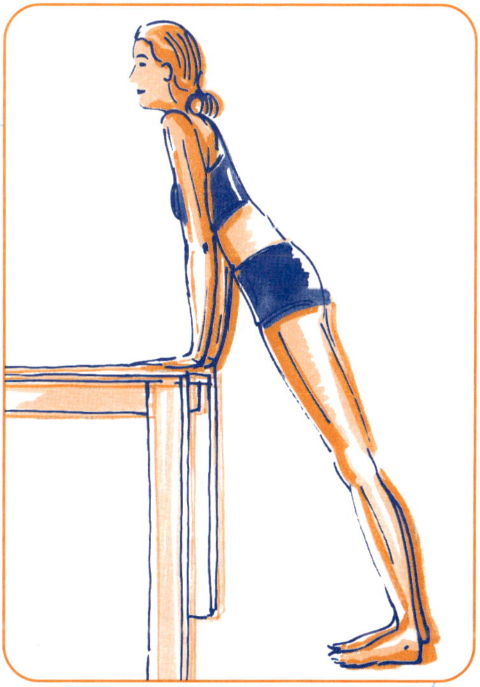

Trizeps und Brustmuskulatur Stellen Sie sich vor den Schreibtisch, und stützen Sie die Hände mehr als schulterbreit auf der Tischplatte ab. Gehen Sie mit den Beinen ein bis zwei Schritte zurück, und beugen Sie die Arme langsam. Ihr Körper sollte dabei eine Linie bilden. Auch hier haben Sie Erfolg, wenn Sie die Übung mehrmals am Tag 10- bis 15-mal wiederholen.

Keine Zeit? – Kleine Auszeit, große Wirkung

Selbst wenn Sie glauben, dass Sie für solche körperlichen Ausflüge keine Zeit haben, ist das kein Grund, nichts für seine Fitness zu tun. Denn irgendwann müssen auch Sie einmal aufstehen. Spätestens dann ist die Zeit für Ihre Trainingseinheit gekommen.

Koordinationstraining Stehen Sie auf, und bleiben Sie kurz auf einem Bein stehen. Dabei dürfen Sie sich ruhig mit beiden Händen am Schreibtisch festhalten.

Beim nächsten Aufstehen wiederholen Sie die Übung und wagen es, dabei eine Hand zu lösen. Wenn Sie sich ein drittes Mal erheben, stehen Sie ganz ohne Hilfe der Hände auf einem Bein. Wenn Sie die Übung zusätzlich erschweren wollen, bewegen Sie den Fuß des angehobenen Beines oder schließen die Augen. Sie werden merken, diese Übung ist gar nicht so leicht und Sie trainiert die Koordinationsfähigkeit sehr effektiv. Wer sich ganz und gar nicht vom Bürostuhl trennen kann, legt eine aktive Bildschirmpause ein: Stellen Sie sich mit geschlossenen Augen eine quer liegende Acht vor, die Sie mit Ihren Augäpfeln nachzeichnen. Ihren Zeigefinger führen Sie zur Nasenspitze, oder Sie berühren erst rechts, dann links mit dem Daumen nacheinander alle Finger derselben Hand.

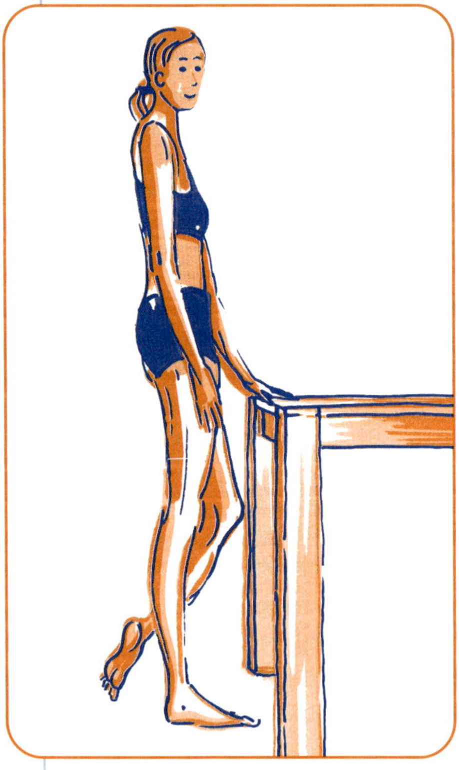

Lieber laufen als mailen

Unbestritten: E-Mails sparen Zeit. Doch wenn Sie einem Kollegen in der Firma eine Mail schicken, anstatt sich persönlich auf den Weg zu machen, haben Sie eine wichtige Chance vertan, mit Bewegung Rückenproblemen und Übergewicht vorzubeugen. Wissenschaftliche Untersuchungen haben nämlich ergeben, dass man durch den kurzen »Ausflug« richtig abnehmen kann. So wird ein 70 Kilogramm schwerer Mann in einem Jahr – bei acht Stunden Arbeit am Tag und fünf Arbeitstagen pro Woche – ein halbes Kilogramm Körperfett verlieren, wenn er, statt jede Stunde eine E-Mail zu verschicken, sich zwei Minuten auf den Weg zu seinem Kollegen macht. Und dies ist nicht der einzige Vorteil, denn manchmal lässt sich ein Sachverhalt sogar mit ein paar Worten von Angesicht zu Angesicht schneller klären, als das Ganze am Bildschirm verständlich in Worte fassen zu müssen. Außerdem erreichen Sie durch den persönlichen Kontakt bei Ihren Mitmenschen oft mehr als mit einer anonymen, computergesteuerten Nachricht.

Pausen fördern die Produktivität

Unterschätzen Sie nicht die Wirkung von gelegentlichen Pausen, in denen Sie aktiv werden und etwas für Ihr Wohlbefinden tun. Vielleicht stecken Sie Ihre Kollegen mit Ihrem Trainingseifer und den neuen Übungen an. Stellen Sie sich vor, wie sich die muffige Büroatmosphäre in ganz viel Spaß beim gemeinsamen Trainingsprogramm verwandeln könnte. Der eine wippt, die andere dehnt, der Nächste pumpt Liegestütze. Danach sind Sie jedenfalls alle wieder fit und wach für die nächste Sitzung und können neue berufliche Projekte voll Tatendrang in Angriff nehmen.

Entspannungsphasen – Übungen für angestrengte Muskeln

Wenn ein Muskel arbeitet, ziehen sich seine Muskelfasern zusammen und kehren in Ruhe nicht von alleine in eine entspannte Position zurück. Mit zunehmender Beanspruchung ohne Entspannungsphasen bleibt der Muskel verkürzt. Das kann auch zu eingeschränkter Beweglichkeit führen.

Gönnen Sie Ihren aktivierten Muskeln daher die verdiente Entspannung, indem Sie zwischendurch einfach ein paar Dehnungsübungen einbauen. Die jeweilige Position sollten Sie dann 10 bis 20 Sekunden halten.

Seitliche Hals- und Schultermuskulatur

Sie nehmen eine gerade Sitzposition ein und schauen geradeaus. Dann führen Sie beispielsweise den linken Arm direkt hinter den Körper und fassen ihn mit der rechten Hand am Handgelenk. So fixieren Sie Ihre Schulter und verhindern, dass sie nach oben wandert. Die rechte Hand zieht nun vorsichtig nach rechts. Wenn Sie gleichzeitig den Kopf leicht nach rechts neigen, verstärken Sie die Dehnung. Ihr Blick ist stets geradeaus gerichtet. Dann wechseln Sie die Seiten.

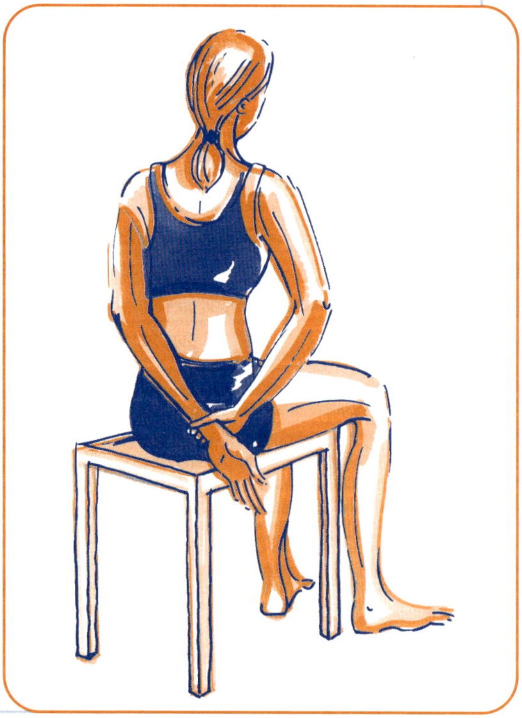

Gesäß Setzen Sie sich gerade hin, und legen Sie den Unterschenkel des rechten Beines auf den Oberschenkel des linken. Der linke Fuß hat vollen Bodenkontakt, Hüft- und Kniegelenk des aufgestellten Beines bilden jeweils einen 90-Grad-Winkel.

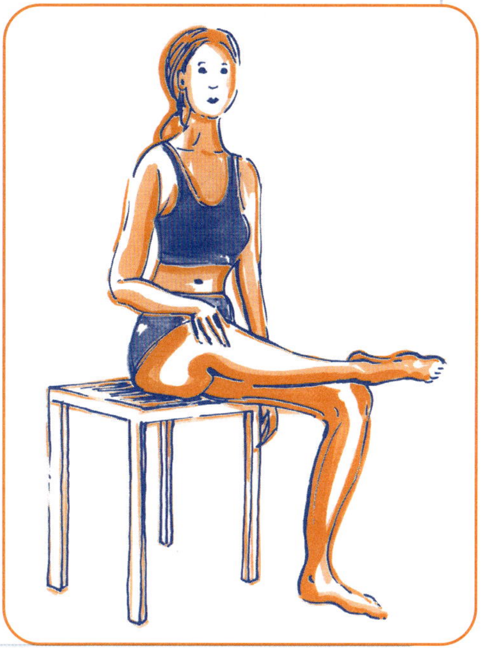

Stabilisieren Sie das rechte Knie, indem Sie die rechte Hand darauf legen. Halten Sie Ihren Oberkörper gerade und neigen Sie ihn vor, bis Sie die Dehnung spüren. Wechseln Sie nach der vorgegebenen Zeit die Seite.

Beininnenseite Rutschen Sie mit dem Gesäß auf dem Stuhl nach vorn. Stellen Sie das linke Bein angewinkelt weit nach außen. Hüft- und Kniegelenk bilden einen 90-Grad-Winkel. Das rechte Bein strecken Sie in die entgegengesetzte Richtung aus. Die Füße haben vollen Bodenkontakt und zeigen geradeaus. Richten Sie den Oberkörper auf, und beugen Sie sich etwas nach vorn – das verstärkt die Dehnung. Wechseln Sie dann die Seite.

Beinrückseite Rutschen Sie mit dem Gesäß auf dem Stuhl nach vorn. Ein Bein steht fest auf dem Boden, das andere wird nach vorn gestreckt. Ziehen Sie die Zehen des gestreckten Beins heran, die Ferse bleibt auf dem Boden. Neigen Sie den aufgerichteten Oberkörper leicht nach vorn, bis Sie die Dehnung spüren. Nach der vorgegebenen Zeit wechseln Sie die Seite.

Variante: Dehnen Sie sich wie oben beschrieben. Verschränken Sie aber zusätzlich Ihre Finger, drehen Sie die Hände nach oben, und strecken Sie die Arme in Verlängerung des Oberkörpers nach oben aus. Dadurch erreichen Sie neben der Dehnung der Beinrückseite die Kräftigung Ihrer Rücken-, Arm- und Schultermuskulatur.

Auch ein frisch gedehnter Muskel zieht sich wieder ein wenig zusammen. Doch er kehrt nicht komplett in die »alte« angespannte Position zurück. Gedehnte Muskeln entfalten zudem ihre Kraft bei Bedarf besser.

Arbeiten im Stehen

Bewahren Sie Haltung

Neben Bürojobs gibt es natürlich eine Vielzahl von Berufen, bei denen vorwiegend im Stehen gearbeitet wird. Positiv dabei ist, dass Haltungsprobleme durch zu langes Sitzen entfallen. Negativ ist aber, dass langes Stehen genauso einseitig und damit schädlich ist. Wer beispielsweise im Verkauf, als Friseur oder in der Gastronomie arbeitet, wird abends oft seine schweren und müden Beine spüren und vielleicht sogar über einen schmerzenden Rücken (vor allem im Bereich der Lendenwirbelsäule) klagen.

Erste Hilfe – Das bringt Entlastung

Das beste Mittel gegen einseitige Körperhaltungen ist, genau die entgegengesetzte Position einzunehmen. Wenn Sie viel stehen müssen, sollten Sie sich also von Zeit zu Zeit einmal hinsetzen. Vermutlich werden Sie die Beine nicht hochlegen können, doch ist es sicherlich möglich, mit den Fersen hin und wieder auf und ab zu wippen.

Wenn Sie wieder einmal länger stehen müssen, versuchen Sie Ihre Wirbelsäule zu entlasten, indem Sie einen Fuß auf einen Hocker, eine Stufe oder etwas Ähnliches stellen.

Entlastung für Beine und Rücken Stellen Sie sich vor eine Treppe oder einen Hocker. Setzen Sie einen Fuß mit der ganzen Sohle auf die zweite Stufe oder die Sitzfläche, und verlagern Sie Ihr Gewicht nach vorn. Beugen Sie dabei das Knie, und stützen Sie sich auf dem Oberschenkel des angewinkelten Beines ab. Den Oberkörper halten Sie aufrecht. Spannen Sie Ihr Gesäß an, der Bauch wird leicht eingezogen. Das hintere Bein ist gestreckt, der Fuß hat vollen Bodenkontakt. Wechseln Sie nach 10 bis 20 Sekunden die Seite. Die Übung dehnt Hüftbeuger und Wade.

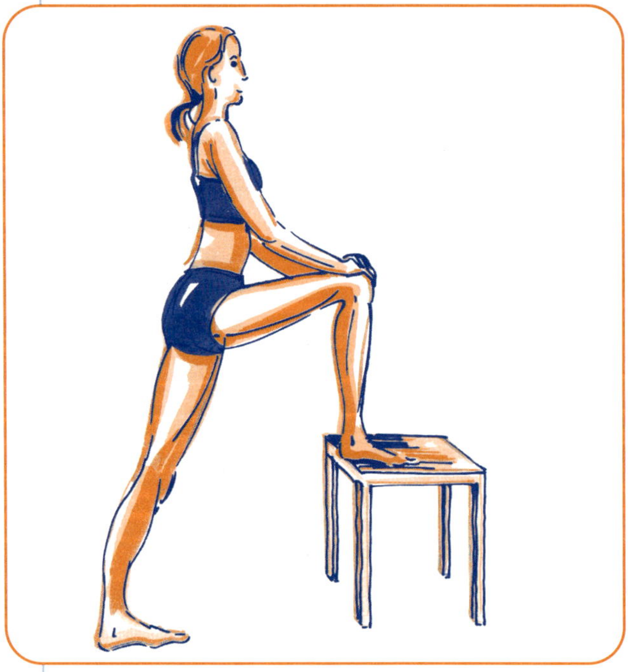

Gerade die Hüftbeugemuskulatur ist bei vielen Menschen stark verkürzt. Das ist eine häufige Ursache für Rückenbeschwerden.

Entspannung der Oberschenkelrückseite Stellen Sie sich vor eine Treppe. Setzen Sie einen Fuß mit der Ferse auf die zweite Stufe, und verlagern Sie das Gewicht auf das hintere Bein. Das erhöhte Bein ist gestreckt, die Zehen ziehen Sie heran. Neigen Sie nun den aufrechten Oberkörper nach vorn. Wenn Sie dabei Schwierigkeiten mit dem Gleichgewicht haben, können Sie sich an der Wand oder am Geländer festhalten.

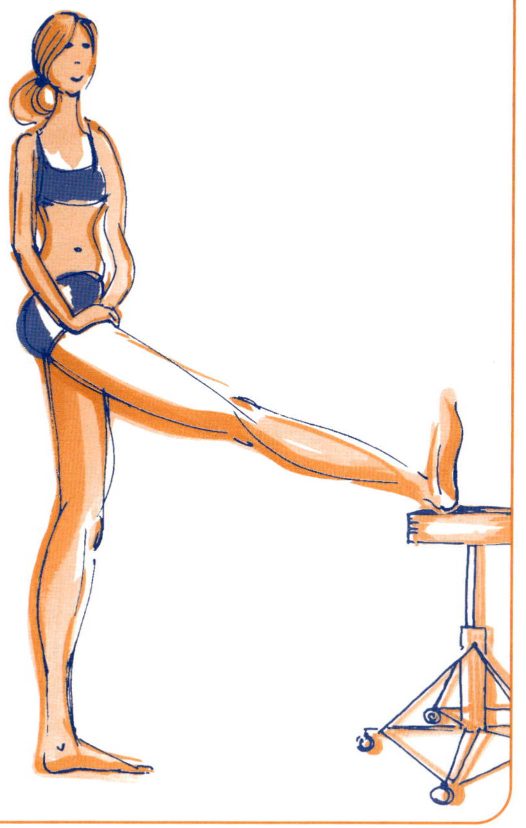

Tipps für das Arbeiten im Stehen

Versuchen Sie bei langen Stehzeiten Ihr Gewicht auf beide Beine zu verteilen. Achten Sie auf eine gute Bauch- und Pospannung sowie »feste Beine«. Das heißt, dass Sie immer wieder prüfen sollten, ob die Knie mit den Füßen eine Linie bilden und Sie eine Art Grundspannung in den Beinen halten. Wenn der Spannungsaufbau von unten her stimmt, ist es leichter, auch oben die Haltung zu bewahren. Sie machen so auch einen besseren, selbstbewussteren Eindruck. Die dauerhafte isometrische Anspannung hilft Ihnen zudem, Muskeln aufzubauen und zu halten. Nutzen Sie außerdem jede Gelegenheit, sich zu bewegen. Übernehmen Sie also ganz bewusst Aufgaben, die Ihnen zusätzliche Bewegung verschaffen.

Fit durch »Steppen«

Das Treppentraining

Wer im zehnten Stockwerk arbeitet, wird zunächst kaum auf die Idee kommen, zu Fuß dort hinaufzusteigen. In einem Bürogebäude dieser Größe gibt es wahrscheinlich sogar einen Ersatzaufzug, falls der, den man sonst gerne benutzt, einmal defekt ist. Dabei bieten Treppen – ganz gleich in welchem Stockwerk Sie arbeiten oder wo Sie gerade hinmöchten – eine ideale Chance, Ihr Ziel »Fitness nebenbei« zu erreichen. Bedienen Sie sich dieses Hilfsmittels, und beginnen Sie mit einem Treppentraining.

Step by step – Planen Sie Ihr Treppentraining

Stecken Sie sich zunächst ein realistisches Ziel. Wenn Sie sich beispielsweise vornehmen, von heute an Ihren Arbeitsplatz im zehnten Stock nur noch zu Fuß erreichen zu wollen, kann man nur sagen: »Vergessen Sie's!« Zum einen sind Sie dazu wahrscheinlich körperlich gar nicht in der Lage, so viele Stufen hinaufzusteigen, zum anderen benötigen Sie viel zu viel Zeit. Drei Stockwerke reichen am Anfang völlig. Den Rest können Sie dann mit dem Fahrstuhl zurücklegen.

Nutzen Sie auch andernorts jede Chance, die sich Ihnen für ein Treppentraining bietet. Lassen Sie die Rolltreppe in der U-Bahn-Station oder dem Kaufhaus und den Lift in Ihrem Wohnhaus oder öffentlichen Gebäuden einfach links liegen.

1. Woche Beginnen Sie Ihr Training an einem Montag. Gehen Sie ein Stockwerk in ganz normalem Tempo Stufe für Stufe nach oben. Fahren Sie den Rest mit dem Fahrstuhl. Wiederholen Sie dies wenn möglich mehrmals am Tag und auch am Dienstag. Am Mittwoch und Donnerstag gehen Sie zwei Etagen. Freitags schaffen Sie dann schon alle drei Stockwerke. Im Laufe der Woche dürfen Sie – wenn Sie es sich schon zutrauen – das Tempo steigern. Je nachdem, in welcher Geschwindigkeit Sie Treppen gehen, variieren Sie die Stellung Ihrer Füße. Beim langsamen Gehen setzt man eher den ganzen Fuß auf, wer es gerne schneller mag, wird das Laufen auf dem Vorfuß bevorzugen. Achten Sie einmal darauf. Wahrscheinlich wird aber das schnelle Laufen auf dem Vorfuß und das langsame Gehen auf der Sohle ohnehin Ihrem normalen Bewegungsablauf entsprechen. Am Wochenende dürfen Sie und Ihre Muskeln pausieren.

Wenn Sie es nicht geschafft haben, bei allen Wegen drei Stockwerke hinaufzusteigen – vielleicht aus Zeitgründen oder weil die Beine schon ein bisschen ermüdet waren –, gehen Sie wenigstens die Treppen grundsätzlich hinunter. Treppab belastet allerdings die Knie etwas stärker. Fangen Sie deshalb Ihren Körper sanft mit dem Vorfuß ab, bevor Sie den Rest des Fußes bis zur Ferse aufsetzen. Wer es eiliger hat, wird automatisch nur den Vorfuß aufsetzen.

2. Woche Es ist wieder Montag und Zeit für eine neue Herausforderung. Steigen Sie also eine Etage in großen Schritten – immer zwei Stufen auf einmal – die Treppe hoch. Die nächsten beiden Stockwerke gehen Sie dann normal hinauf. Wiederholen Sie diese Übung mehrmals am Tag. Am Dienstag steigen Sie die Treppen genauso hinauf. Der dritte Tag verspricht eine erneute Steigerung, also nehmen Sie nun über zwei Etagen immer zwei Stufen. Am Donnerstag wiederholen Sie das Pensum vom Mittwoch. Am Freitag überwinden Sie alle drei Stockwerke mit großen Schritten. Das Tempo bleibt aber nach wie vor gemäßigt. Dann haben Sie wieder zwei Tage Pause.

Auch wenn der Ehrgeiz Sie packt, sollten Sie am Wochenende pausieren. Ihre Muskeln brauchen die Erholung.

Beim Treppentraining ist es wichtig, nicht zu schnell zu werden, denn Sie geraten sonst außer Atem und kommen ins Schwitzen. Das ist während der Bürozeiten eher unangenehm. Falls es Ihnen doch einmal zu heiß wird, wäre die einfachste Problemlösung auch die schlechteste: Sie verzichten auf das Treppentraining. Die bessere Variante wäre ein Besuch in der Apotheke oder in der Parfümerie, wo Sie besonders wirkungsvolle Deodorants oder Produkte bekommen, die Ihre Schweißsekretion effektiver regulieren als normale Deos. Vielleicht können Sie auch ein frisches Hemd oder eine frische Bluse an Ihrem Arbeitsplatz deponieren, um bei Bedarf darauf zurückzugreifen. Die Ersatzkleidung kann auch in anderen Situationen nützlich sein. Beispielsweise wenn ein Kaffeefleck sich bis zur nächsten Sitzung nicht ohne weiteres beseitigen lässt. Überdies vermag auch ein Gespräch mit Ihrem Vorgesetzten so schweißtreibend zu sein, dass ein Wechsel der Oberbekleidung nötig ist.

3. Woche Am Montag gehen Sie eine Etage zügig hinauf: Tapp-tapp-tapp ist Ihr Rhythmus. Das nächste Stockwerk erklimmen Sie etwas gemütlicher Stufe für Stufe. Die letzte Etappe ist wieder etwas intensiver, denn Sie nehmen jetzt immer zwei Stufen auf einmal. Am Dienstag wiederholen Sie diesen Rhythmus. Am Mittwoch steigen Sie den ersten Stock wieder flott empor – tapp-tapp-tapp. Die nächste Etage erklimmen Sie dann langsamer, nehmen aber immer zwei Stufen auf einmal. Das dritte Stockwerk steigen Sie dann wieder im zügigen Tempo hinauf. Am vierten Tag wiederholen Sie dieses Schema mehrmals. Am Freitag sehen Sie, wie fit Sie inzwischen sind: Die ersten beiden Etagen erklimmen Sie zügig. Auf dem Weg zum dritten Stockwerk nehmen Sie wieder zwei Stufen auf einmal. Am Wochenende pausieren Sie wieder und genießen die Vorzüge von Lift und Rolltreppe.

Nicht aufgeben: Wenn am Tag danach die Muskeln schmerzen oder die Gelenke leichte Probleme bereiten, nehmen Sie sich einfach mehr Zeit fürs Training.

4. Woche Ab der vierten Woche schaffen Sie es dann zügig – tapp, tapp, tapp – alle drei Stockwerke hinaufzulaufen. Sollten Sie zwischendurch doch etwas ermüden, drosseln Sie das Tempo einfach ein bisschen.

Wenn der Ehrgeiz Sie nun gepackt hat und Sie nach Höherem streben, setzen Sie das Training nach dem bekannten Schema fort und steigern sich alle vier Wochen um ein Stockwerk nach dem anderen. Denken Sie aber immer an den Zeitfaktor. Ihr Arbeitgeber braucht Sie ja schließlich im Büro und nicht auf der Treppe.

freizeit

Wochenend und Sonnenschein

Bewegung an der frischen Luft

Toben Sie sich aus

Was kann es Schöneres geben, als seine Freizeit unter freiem Himmel zu verbringen und die Lungen mal richtig mit Sauerstoff zu füllen. Egal, ob Freizeitsport, Gartenarbeit oder ein kleiner Waldspaziergang: Die folgenden Tipps helfen Ihnen, Ihr Freizeitprogramm zu genießen und gleichzeitig etwas für die Fitness zu tun.

Sport – Bereiten Sie sich vor

Seit Wochen haben Sie sich darauf gefreut, Ihre Freunde zu treffen und sich mal wieder so richtig auszutoben. Sei es beim Fußball, Badminton oder Squash. Bevor es aber richtig losgeht, sollten Sie nicht vergessen, sich auf die kommende Beanspruchung vorzubereiten. Vor allem, weil Sport ja nicht zu Ihren normalen Freizeitbeschäftigungen zählt. Zunächst sollten Sie sich dehnen (siehe Seite 78ff.). Spielen Sie sich dann ein wenig warm. Aber Vorsicht! Sie wollen nur Ihre Muskeln auf Betriebstemperatur bringen. Wer es übertreibt, riskiert Verletzungen. Wenn Sie richtig aufgewärmt sind, kann es richtig losgehen.

Spaziergänge – Steigern Sie das Tempo

Wer gerne regelmäßig an der frischen Luft spazieren geht, tut schon sehr viel für seine Gesundheit. Doch kann man das noch verbessern, indem man mehr Schwung in die Gangart bringt. So fordern Sie Ihr Herz-Kreislauf-System stärker und trainieren die Koordinationsfähigkeit Ihrer Muskulatur.

Ballspielen erlaubt

Erinnern Sie sich an Ihre Kindertage: Sicher haben auch Sie das eine oder andere Mal auf dem Heimweg nach der Schule eine Blechdose oder einen Stein mit den Füßen vor sich hergetrieben. Suchen Sie sich also einen Stein oder einen sonstigen Gegenstand, und schießen Sie ihn dosiert immer wieder vor sich her. Mal mit rechts, mal mit links, mal mehr, mal weniger intensiv.

Sie trainieren so die Koordinationsfähigkeit Ihrer Muskelgruppen und sprechen Muskelfasern an, die Sie im Alltag kaum einsetzen. Sehr gut ist es, wenn Sie sich einen Ball mit auf den Weg nehmen. Denn durch diesen wird das Training intensiver. Ein Stein hört von selbst auf zu rollen. Ein Ball hingegen stoppt nicht so schnell. Je nachdem, ob Ihr Weg gerade, bergauf oder bergab verläuft, müssen Sie sich also unterschiedlich anstrengen, um dem Ball hinterherzukommen. Im Idealfall beziehen Sie noch Ihren Partner in das Fitnessprogramm mit ein. Dann können Sie sich den Stein oder Ball gegenseitig zuspielen.

Geben Sie Gas

Wenn Sie keine Lust auf solche Spielchen haben, spazieren Sie einfach etwas schneller als sonst. Gestalten Sie Ihren Gang bewusster, und setzen Sie mehr Muskelspannung ein. Halten Sie sich aufrecht, und blicken Sie geradeaus. Rollen Sie Ihre Füße von der Ferse über den Kleinzeh- und Großzehballen ab. Spannen Sie den Bauch an, und ziehen Sie ihn etwas ein, um einem eventuellen Hohlkreuz entgegenzuwirken. Beteiligen Sie Ihre Arme, indem Sie diese aktiv einsetzen und nicht nur schwingen lassen. Halten Sie Ihr Gehtempo gleichmäßig. Ihr Puls steigt dabei etwas an, Ihre Atemfrequenz erhöht sich. Sie beginnen praktisch von selbst mit einem sanften Ausdauertraining.

Nach etwa 20 Minuten prüfen Sie unmittelbar nach der Belastung zehn Sekunden lang Ihren Puls an der Halsschlagader. Zählen Sie die Schläge, und multiplizieren Sie diese dann mit sechs. Vergleichen Sie den Wert mit dem für Sie idealen Trainingspuls, der sich wie folgt errechnet: 180 minus Lebensalter. Wenn Ihr Puls nach der Belastung deutlich darüber liegt, haben Sie sich zu stark belastet. Beim nächsten Mal gehen Sie einfach etwas langsamer oder wählen eine kürzere Strecke. Wenn Sie unter dem errechneten Wert liegen, dürfen Sie sich etwas mehr zumuten; also schneller oder länger laufen. Wenn Ihr Wert um etwa fünf Schläge nach oben oder unten vom errechneten Idealpuls abweicht, ist das noch im grünen Bereich.

Lassen Sie diese Art des Gehens auch in andere Bereiche Ihres Lebens einziehen. Im Grunde ist es möglich, jeden Weg, den Sie zu Fuß zurücklegen, mit mehr Tempo und höherer Muskelspannung zu bewältigen. Übrigens: Eine größere Muskelspannung bedeutet nicht gleich eine Verspannung. Eine gezielte Spannungsentwicklung sichert vielmehr den Schutz Ihrer Gelenke.

Walking

Mit dem schnellen Spazierengehen sind Sie eigentlich schon ganz nah an einer richtigen Sportart – dem Walking. Wenn Sie Spaß an dieser Trainingsform haben und ohnehin regelmäßig spazieren gehen, können Sie den Zeitraum ruhig bis auf ein oder sogar zwei Stunden ausdehnen. Das hängt ganz allein von Ihren zeitlichen Möglichkeiten und von Ihrer Lust dazu ab. Jedenfalls regen Sie mit diesem Training Ihren Fettstoffwechsel an und aktivieren so die Fettverbrennung.

Wer häufiger zum Walken geht, sollte sich eine elektronische Pulsuhr zulegen, die den »richtigen« Trainingspuls automatisch ermittelt. Der größte Vorteil liegt in der optimalen Pulskontrolle während der Belastung. Sie können dann jederzeit nachvollziehen, ob Sie »gesund« trainieren.

Querfeldein

Bei einem Spaziergang durch den Wald sollten Sie sich einmal trauen, vom rechten Weg abzukommen und querfeldein zu streifen. Das trainiert die Koordination und fordert Muskeln, die Sie vielleicht nicht jeden Tag beanspruchen. Quer liegende Baumstämme laden zum Balancieren ein, Unebenheiten im Boden schulen die Koordination. Besonders intensiv fordern Sie Muskulatur, Koordination und Herz-Kreislauf-System, wenn Sie sich einmal in einen Graben wagen und wieder herausklettern. Tun Sie dies allerdings nur dann, wenn Sie sicher sind, dass Sie es auch wieder alleine herausschaffen. Achten Sie auch auf Stolperfallen am Boden. An Wurzeln, Baumstümpfen oder Schlingpflanzen kann man leicht hängen bleiben.

Bei der Gartenarbeit – Fitness für den grünen Daumen

Sie finden vor allem bei der Arbeit im Garten Ruhe und Entspannung? Sie lieben es, sich beim Unkrautzupfen und Blumensäen von den Alltagsgedanken freizumachen? Oder ist die Gartenarbeit einfach Ihre Aufgabe, die nun mal gemacht werden muss: umgraben, säen, setzen, schneiden – zack-zack-zack – möglichst schnell und effektiv? Ganz egal, welcher Typ Sie sind, die Arbeit im Garten kann ganz schön anstrengend sein. Mit dem passenden Werkzeug und der richtigen »Nachsorge« wird die Arbeit leichter, und Sie selbst sind auch nach einem langen Gartentag noch richtig fit.

Umgraben

Lockern Sie den Boden statt mit dem Spaten mit einer Bodenkralle, das spart Kraft. Außerdem entfällt zumindest bei einem Arbeitsgang das Bücken. Der Stiel der Bodenkralle sollte sich auf die jeweilige Körpergröße einstellen lassen und der rutschfeste Griff etwa 45 Zentimeter breit sein.

Nach getaner Arbeit

Nach einem anstrengenden Tag im Garten spürt man seine Knochen oft ganz gewaltig. Als »erste Hilfe« empfiehlt sich ein heißes Bad. Das regt die Durchblutung an und hilft den Muskeln, sich zu regenerieren. Nach dem Bad fühlt sich Ihr Körper wohlig warm an. Mit einem anschließenden Dehnprogramm (siehe Seite 78ff.) wird die Durchblutung Ihrer Muskulatur ganz besonders gut unterstützt.

Fahrrad fahren – Ab in den Sattel

Plagt Sie das schlechte Gewissen, wenn Sie in den Keller gehen und dort Ihr schönes Fahrrad sehen, mit dem Sie eigentlich regelmäßig Besorgungen machen wollten? Denken Sie nicht mit Wehmut an die »alten Zeiten«, als Sie mit dem Drahtesel frei und ungebunden durch die Gegend kurvten? Eigentlich war es doch immer ein schönes Gefühl, sich den Wind um die Nase wehen zu lassen und am Wochenende herrliche Ausflüge ins Grüne zu machen – fernab von Stress, Hektik und Autoabgasen.

Na, haben Sie wieder Lust auf dieses »alte« Gefühl bekommen? Dann geben Sie sich einen Ruck. Holen Sie Ihr Fahrrad aus dem Keller, und radeln Sie einfach los.

In Zukunft sollten Sie Ihr Fahrrad an einen Ort platzieren, an dem Sie häufig vorbeikommen. Denn wenn es nur im Souterrain verstaubt, ist es kein Wunder, dass Sie es nicht mehr benutzen. Es ist ja auch viel zu umständlich, es für kurze Wege herauszunehmen, um etwas damit zu erledigen.

Das Fahrrad richtig einstellen

Wenn Sie Ihr Fahrrad wieder »entdeckt« und an die Oberfläche geholt haben, nehmen Sie sich eine Stunde Zeit, um es zu säubern und zu überprüfen, ob noch alles funktioniert und die Einstellungen noch stimmen. Sie werden zwar nicht gewachsen sein, möglicherweise haben sich aber Ihre körperlichen Voraussetzungen verändert. Falls Sie beispielsweise Beschwerden in der Lenden- oder Halswirbelsäule haben, bekommt Ihnen eine vorgebeugte Haltung des Oberkörpers auf Dauer nicht besonders gut. Auch eventuelle Knieprobleme müssen berücksichtigt werden.

Je aufrechter Sie auf Ihrem Fahrrad sitzen, umso schonender ist das für Ihren Rücken. Wenn Sie bei längeren Radtouren Schmerzen im Rücken oder Verspannungen im Nacken spüren, wissen Sie, dass Sie nicht das richtige Fahrrad haben. Bevor Sie gleich ein neues kaufen, versuchen Sie zunächst Ihr Rad über die Höhe des Lenkers rückengerecht anzupassen. Je höher der Lenker ist, umso aufrechter ist Ihre Sitzposition. Bei einem Rennrad ist es allerdings kaum möglich, den Lenker so hoch einzustellen und gerade zu sitzen. Der Sattel sollte so eingestellt sein, dass Ihr Knie noch leicht gebeugt ist, wenn Ihr Fuß das Pedal ganz nach unten geschoben hat. Achten Sie darauf, dass der Druck auf das Pedal möglichst immer von Ihrem Fußballen übertragen wird. So erreichen Sie die beste Kraftübertragung auf die Pedale. Weitere Informationen über rückenschonendes Fahrradfahren und rückengerechte Räder erhalten Sie bei der »Aktion gesunder Rücken e.V.« (siehe Seite 110).
Wenn Sie aber mit Ihrem Fahrrad ebenso gut zurechtkommen wie vor einigen Jahren, dann steigen Sie einfach wieder auf – und los geht's.

Routenplanung

Sie behalten den Spaß am Fahren, wenn Sie für Ihre Radtouren möglichst ebene Strecken auswählen. Es ist zwar herrlich, mal wieder so richtig den Berg hinunterzurasen – wenn Sie aber keinen Schleichweg kennen, müssen Sie auf dem Rückweg den Berg wahrscheinlich auch wieder hinauf. Das verdirbt Ihnen vermutlich die gute Fahrradlaune und mindert den Trainingseffekt. Vermeiden Sie falschen Ehrgeiz, und verzichten Sie darauf, mit aller Gewalt untrainiert eine Steigung bewältigen zu wollen. Falls Sie in einer Gegend wohnen, in der die Straßen ständig auf und ab verlaufen, genießen Sie die Talfahrt, und schieben Sie bergauf. Mit zunehmender Übung wird das Schieben leichter, und Sie können sich bald auf das Fahrrad schwingen. Je nachdem, wie stark die Steigung ist, werden Sie eine mehr oder weniger lange Strecke zurücklegen können. Natürlich im leichtesten Gang. Von Mal zu Mal versuchen Sie sich Meter für Meter voranzutasten, bis Sie irgendwann die erste Hürde genommen haben. Es wird ein erhebendes Gefühl sein, wenn Sie von der Anhöhe herabschauen und wissen, dass Sie sich diesen Weg erarbeitet haben.

Widerstehen Sie anfangs jeglicher Versuchung, sich unbedingt den Berg hinaufzuquälen – auch wenn Sie wissen, dass Sie früher mit Leichtigkeit den Anstieg geschafft haben. Heute sind Ihre körperlichen Voraussetzungen eben anders als vor ein paar Jahren.

Wenn Sie in untrainiertem Zustand Ihre Herzfrequenz kurzfristig in extreme Höhen treiben, schadet das nur Ihrer Gesundheit. Wer den Versuch, den Berg auf dem Fahrrad zu erklimmen, abbrechen muss, versorgt vermutlich seine Muskulatur nicht mehr ausreichend mit Sauerstoff. Bei hohen Belastungsstärken kommt es vor, dass das Herz-Lungen-System den in der Muskelzelle benötigten Sauerstoff nicht mehr nachliefern kann. Es kommt zu einer Anhäufung von Stoffwechselendprodukten, die nicht mehr schnell genug abgebaut werden können. Dies wiederum führt zu einer Übersäuerung des Blutes, welche die weitere Energiefreisetzung zunehmend behindert, bis es schließlich und zwangsläufig zum Abbruch der Tätigkeit kommt. Seien Sie also vernünftig, verlieren Sie nicht die Geduld, und lassen Sie sich Zeit. Der Weg ist das Ziel.

Freizeit daheim

Fitness in den eigenen vier Wänden

Natürlich verbringt man seine Freizeit nicht nur unter freiem Himmel. Auch zu Hause kann man ganz nebenbei sehr viel für seine Fitness tun.

Kochen – Das bringt Entlastung

Für manchen ist Kochen nur Mittel zum Zweck, für viele ist es jedoch eine wahre Leidenschaft. Doch dieses Hobby beansprucht auch bei routinierten Fähigkeiten viel Zeit. Denn wer sich dem Schneiden, Brutzeln, Verzieren erst einmal so richtig hingegeben hat, ist mit den einfachen Dingen oftmals nicht mehr zufrieden. Immer wieder probiert man Neues aus, entdeckt interessante geschmackliche und optische Variationen der verschiedensten Köstlichkeiten. Dann steht man immer wieder stundenlang in der Küche, die Augen konsequent auf die Arbeitsplatte gerichtet, zwischendurch geht ein prüfender Blick zur Seite auf brodelnde Töpfe und heiße Pfannen. Die Schultern hängen leicht nach vorn, der Rundrücken ist nicht zu leugnen. Immer wieder beugt man sich spannungslos vor oder schiebt den Bauch nach vorn und belastet so seine ohnehin schon stark strapazierte Lendenwirbelsäule noch mehr.

Irgendwann haben Sie es dann geschafft. Endlich hinsetzen und genießen. Spätestens jetzt spüren Sie die ersten körperlichen Folgen Ihres Hobbys. Irgendwie tut Ihnen alles weh: der Nacken, der Rücken, die Füße. Sicher, Sie haben köstlich gekocht, und das entschädigt für die stundenlange und mühevolle Arbeit. Außerdem macht es Ihnen Spaß, etwas Besonderes zu kreieren und dafür auch bewundert zu werden. Auf die physischen Beschwerden danach könnten Sie allerdings gut verzichten. Und das funktioniert am besten, wenn Sie sich auch während des Kochens etwas abwechslungsreicher bewegen.

Bewegungstraining **1.** Versuchen Sie auf die Grundspannung in Bauch- und Gesäßmuskulatur zu achten. Das heißt: fester Bauch (leicht einziehen) und strammer Po (Pobacken zusammenkneifen).

2. Stehen Sie immer wieder einmal mit leicht gebeugten Knien. Das erleichtert es Ihnen, das Becken aufzurichten und Ihre Lendenwirbelsäule in die richtige Position zu bringen.

3. Nehmen Sie gelegentlich die Beine weit auseinander, und verlagern Sie das Gewicht von rechts nach links – und umgekehrt. Beispielsweise, wenn Sie gerade in die Töpfe auf dem Herd schauen oder im Rezept etwas nachlesen müssen.

4. Stehen Sie sonst schulterbreit, und wippen Sie zwischendurch immer wieder mit den Fersen auf und ab.

5. Lösen Sie sich ab und an vom Herd, um Ihren Körper insgesamt etwas zu bewegen.

6. Heben Sie regelmäßig den Kopf, um Ihre Hals- und Nackenmuskulatur zu entlasten.

7. Dehnen Sie Ihre Schulter- und Nackenmuskeln, indem Sie den Kopf leicht zur Seite neigen und die Schulter der anderen Seite aktiv herunterziehen.

8. Strecken Sie sich nach oben, verschränken Sie dabei Ihre Finger, und drehen Sie die Handflächen nach oben. Neigen Sie sich abwechselnd leicht nach rechts und links. Ziehen Sie dabei den Bauch ein.

Diese Übung ist auch im Sitzen sehr angenehm, und die Lendenwirbelsäule ist leichter zu kontrollieren.

9. Begeben Sie sich regelmäßig in die Schrittposition, um Ihre Waden zu dehnen.

10. Dehnen Sie Ihre Hüftbeugemuskulatur: Gehen Sie in eine tiefe Schrittstellung, senken Sie den Körper, indem Sie das rechte Bein anwinkeln. Das linke Bein bleibt gestreckt. Wenn Sie die Ferse des linken Beins zum Boden schieben, erreichen Sie zugleich eine Wadendehnung, und Sie haben zwei Übungen in einer geschafft.
Wechseln Sie nach 10 bis 20 Sekunden die Seite.

11. Die Beinrückseite entspannen Sie, wenn Sie ein Bein auf einem Stuhl abstellen und sich langsam nach vorn beugen. Achten Sie dabei auf einen aufrechten Oberkörper, sonst wird Ihr Rücken zu sehr belastet und beginnt vielleicht zu schmerzen.

Arm- und Brustmuskulatur

Wenn gerade alles köchelt und Sie ein paar Sekunden warten müssen, könnten Sie gut eine kleine Kräftigungseinheit für Ihre Arm- und Brustmuskulatur einschieben. Stellen Sie sich vor eine Wand. Stützen Sie die Hände etwa auf Brusthöhe ab, und gehen Sie einen Schritt zurück. Spannen Sie Bauch und Gesäß an, so dass Sie in der Lendenwirbelsäule nicht durchhängen. Ihr Kopf bleibt in der Verlängerung der Wirbelsäule. Halten Sie die Spannung im Schultergürtel, damit bei der Armbeugung zwischen den Schulterblättern keine Kuhle entsteht. Wenn Sie nun 10- bis 15-mal die Arme beugen und strecken und das – je nach Zeit – drei- bis fünfmal wiederholen (mit einer kurzen Pause dazwischen), haben Sie sich Ihr Essen wirklich verdient.

Fortgeschrittene stützen sich mit den Händen an der Küchenzeile ab und gehen mit den Füßen so weit zurück, dass die Schultern bei der Armbeugung noch hinter den Fingern bleiben. Beugen und strecken Sie nun die Arme wie oben beschrieben.

Beim Strecken der Arme unter Gewichtsbelastung sollte nie eine Endstreckung erfolgen. Behalten Sie also immer eine leichte Gelenkbeugung bei. Variieren Sie außerdem den Abstand der Hände zueinander. Sie sprechen so unterschiedliche Muskeln an.

Total entspannt

Ihr Wohlfühlprogramm für daheim

Unangenehmes Zwicken im Rücken, Druck auf die Kniescheibe oder eine schmerzende Nackenmuskulatur führen viele Menschen zum Arzt, weil sie glauben, mit ihren Gelenken sei etwas nicht in Ordnung. Dabei ist der Grund für die Beschwerden oft »nur« eine verkürzte Muskulatur.

Verspannungen – Wenn sich die Muskeln verkürzen

Wird die Muskulatur bewegt, verändert sich dabei ihre Form. Die Muskelfasern ziehen sich bei Anspannung zusammen und gehen bei Entspannung wieder auseinander. Doch kehren die Muskeln nicht sofort in ihre alte Position zurück. Denn der Muskel steht weiterhin unter Spannung – der so genannte Muskeltonus ist erhöht. Wenn man diesem Zustand nicht entgegenwirkt, kann es zu schmerzhaften Verspannungen kommen.

Wer viel sitzt und zu wenig Bewegung hat, hält sich überwiegend gebeugt und setzt damit seine Muskeln unter Spannung. Da es praktisch keinen Ausgleich gibt, verspannt, man und es kommt zu Schmerzen. Ein Effekt, der auch durch Ärger und Stress entstehen kann. Im Sport wirkt man der Verkürzung der Muskeln durch Dehnen entgegen. Und was im Sport hilft, ist auch im Alltag gut, um Verspannungen zu lösen.

Dehnen – So lösen Sie Verspannungen

Wer seine Muskeln dehnt, erreicht Entspannung und sorgt für eine bessere Durchblutung. Ein gedehnter Muskel kann außerdem seine Kraft besser entfalten. Wenn es Ihre Termine gestatten, versuchen Sie Ihre Dehnungsübungen über den Tag verteilt immer wieder einmal einzubauen. So ist etwa langes Sitzen für die Muskulatur eine hohe Belastung. Der Hüftbeugemuskel beispielsweise wird dauerhaft angespannt. Wenn Sie dann aufstehen, fällt es oft schwer, sich aufzurichten. Eine Dehnung des Muskels nach längeren Sitzeinheiten wirkt hier Wunder. Außerdem schützt das regelmäßige Stretching die Muskulatur, da das umliegende Bindegewebe durch die Zugbelastungen gestärkt wird.

Faul und fit – Dehnungsprogramm für zu Hause

Abends gemütlich vor dem Fernseher liegen und dennoch in wenigen Tagen Dehnungserfolge feiern – mit den richtigen Übungen ist das möglich. Sie brauchen dafür nur bequeme Kleidung und eine Fläche, auf der Sie sich bequem hinlegen und bewegen können – z. B. einen Teppich oder eine Gymnastikmatte.

Langsam starten

Als Einsteiger beginnen Sie mit dem so genannten passiven Stretching. Hierbei verharren Sie mindestens 20 bis 30 Sekunden in der jeweiligen Position. Nach dieser Anpassungszeit für den Muskel können Sie die Dehnung etwas intensivieren und insgesamt bis zu 60 Sekunden halten. Dies wiederholen Sie bis zu dreimal.

Achten Sie darauf, zu Beginn der Übung die maximale, aber noch schmerzfreie Dehnposition einzunehmen. Resignieren Sie nicht, wenn Sie das Gefühl haben, nicht einmal annähernd und noch dazu ohne Schmerzen die dargestellten Übungspositionen zu erreichen. Sie werden sehen: Nach ein paar Tagen regelmäßigen Übens nimmt Ihre Beweglichkeit mit Sicherheit deutlich zu. Außerdem gibt es einige Übungen, mit denen Sie beginnen können, um das Endziel sicher und beschwerdefrei zu erreichen.

Die Illustrationen, die die Übungen begleiten, sollen Ihnen zeigen, was möglich ist. Das bedeutet aber nicht, dass Sie es bereits schaffen müssen. Mühen Sie sich also am Anfang nicht mit aller Gewalt ab, nur um exakt die vorgegebene Position einzunehmen. Mit etwas Geduld und natürlich regelmäßigem Üben werden Sie es aber auf jeden Fall schaffen, die volle Dehnung zu erreichen.

Die Übungen sind so aufeinander abgestimmt, dass Sie mühelos von einer in die andere Position übergehen können. Wenn Sie alle Übungen machen, sind Sie am Ende total entspannt. Man muss sich aber nicht immer das komplette Programm vornehmen. Jede Übung wirkt auch einzeln hervorragend. Entspannung – auch im Kleinen – tut immer gut.

Für Fortgeschrittene – die CHRS-Methode

Wem das »normale« Stretchingprogramm zu leicht erscheint, kann seine Muskulatur mit der »CHRS-Methode« auf ebenso wirkungsvolle Weise dehnen. CHRS steht für die englischen Wörter Contract, Hold, Relax und Stretch – zu Deutsch: anspannen, halten, entspannen, dehnen. Bei diesem »aktiven Stretching« nehmen Sie die Dehnungsposition ein und dehnen den Muskel einige Sekunden vor. Dann spannen Sie die Muskulatur gegen den selbst gegebenen Widerstand langsam bis zu einem Maximum an (Contract). Achten Sie auf eine gleichmäßige Atmung, während Sie die Spannung etwa zehn Sekunden halten (Hold). Daraufhin folgt ein plötzliches Lösen der Anspannung (Relax) und die sofortige erneute sanfte Dehnung des Muskels ohne Widerstand (Stretch) für etwa zehn Sekunden. Diesen Vorgang können Sie bis zu dreimal wiederholen. Die Methode ist besonders interessant, da sie neben dem Dehnreiz auch einen Reiz zur Muskelkräftigung setzt.

Sie fühlen es, wenn Sie Ihr Trainingsziel erreicht haben. Nach dem Üben mit der »CHRS-Methode« ist Ihre Muskulatur leicht angestrengt, aber entspannt.

Die Übungen

Los geht's. Die folgenden acht Dehnübungen und die ergänzenden Varianten sorgen für eine lockere Muskulatur, Wohlbefinden und totale Entspannung. Übungen, die sich für die »CHRS-Methode« nicht eignen, sind mit einem entsprechenden Hinweis versehen.

Übung 1
Beinrückseite

Legen Sie sich auf den Rücken. Ein Bein bleibt gestreckt am Boden liegen, das andere umfassen Sie mit beiden Händen in der Kniekehle und ziehen es zur Brust. Wenn dies ohne Beschwerden möglich ist, strecken Sie das Bein dann so weit wie möglich nach oben. Dehnen Sie die vorgegebene Zeit, und wechseln Sie dann die Seite. Sollte Ihnen das Dehnen sehr schwer fallen und zugleich die Wade des anderen Beines den Bodenkontakt nicht mehr halten können, weichen Sie auf die folgende Variante aus.

Variante: Sie liegen auf dem Rücken und winkeln ein Bein an. Der Fuß steht fest auf dem Boden. Das andere Bein können Sie nun besser strecken. Um den Dehneffekt zu vergrößern, ziehen Sie die Zehen des gestreckten Beines an. Wechseln Sie nach ausreichender Dehnung die Seite.

»CHRS-Methode«: Halten Sie die Dehnungsposition einige Sekunden, und bauen Sie dann mit dem gestreckten Bein Spannung gegen den Widerstand der Hände auf. Nach zehn Sekunden lösen und sofort weiterdehnen.

Übung 2
Rückenstrecker

Sie liegen nach wie vor auf dem Rücken. Ziehen Sie beide Beine mit den Armen an die Brust. Bewegen Sie gleichzeitig Ihre Nasenspitze zu den Knien. Die Position halten und dann wieder entspannen. Diesmal entfällt die »CHRS-Methode«.

Übung 3
Brustmuskeln

Rollen Sie aus der Rückenlage auf die Seite, und legen Sie die in Hüft- und Kniegelenk gebeugten Beine auf die Unterlage. Drehen Sie nun den Oberkörper zurück in die Rückenlage. Die Beine verharren in ihrer Position. Die Arme schräg nach oben ausstrecken. Der Kopf dreht sich entgegengesetzt zu den Beinen. Kehren Sie nach der vorgegebenen Zeit in die Ausgangsposition zurück, und dehnen Sie dann in die andere Richtung. Verzichten Sie auf die Übung, wenn Sie Rückenbeschwerden oder Bandscheibenprobleme haben.

»CHRS-Methode«: In der Endposition den Arm, der den Beinen abgewandt ist, ein Stück anheben. Die Spannung etwa zehn Sekunden halten, dann lösen und wieder dehnen. Man kann dabei einen Gegenstand (z. B. ein Buch) in die Hand nehmen, um die Dehnung zu verstärken und mehr Spannung aufzubauen.

Übung 4
Oberschenkelvorderseite und Hüftbeuger

Legen Sie sich auf den Bauch, und betten Sie den Kopf auf das linke Handgelenk. Die andere Hand greift das rechte Fußgelenk und zieht den Fuß zum Gesäß. Spannen Sie Bauch und Po an, und drücken Sie Ihre Leiste auf die Unterlage. Wechseln Sie dann die Seite.

»CHRS-Methode«: Bauen Sie Spannung gegen den Widerstand der Hand am Sprunggelenk auf, indem Sie so tun, als wollten Sie das Bein ausstrecken. Nach zehn Sekunden die Anspannung lösen und die Ferse wieder zum Gesäß ziehen.

Variante: Wer mit der Bauchlage Probleme hat, legt sich auf die Seite und winkelt das untere Bein in Hüfte und Knie nach vorne bis auf etwa 90 Grad an. Das andere Bein wird im Kniegelenk gebeugt und bei eingezogenem Bauch und angespanntem Gesäß möglichst so weit nach hinten geführt, dass der Oberschenkel mit dem Oberkörper eine Linie bildet. Die oben liegende Hand unterstützt dies, indem sie das Fußgelenk heranzieht. Achten Sie darauf, dass Knie, Hüfte und Ferse etwa auf einer Ebene liegen.

Die »CHRS-Methode« wird wie in Übung 4 angewendet.

Übung 5
Oberschenkel-innenseite

Begeben Sie sich auf den Boden, und spreizen Sie die Beine so weit, wie es Ihnen noch angenehm ist. Stützen Sie sich hinter dem Körper mit den Händen ab. Sie unterstützen so eine aufrechte Haltung, und die Dehnung der Oberschenkelinnenseite verstärkt sich (keine »CHRS-Methode«).

Übung 6
Rücken-muskulatur und Trizeps

Setzen Sie sich in den Schneidersitz. Fassen Sie über dem Kopf mit einer Hand das Handgelenk oder den Ellbogen des anderen Arms. Ihr Blick geht geradeaus. Ziehen Sie nun am Handgelenk oder Ellbogen, und neigen Sie sich dabei vorsichtig in Richtung der aktiven Hand. Wechseln Sie nach der vorgegebenen Zeit die Seite.

»CHRS-Methode«: Die Hand bzw. der Ellbogen spannt gegen die ziehende Hand an. Nach einigen Sekunden die Spannung lösen und erneut dehnen.

Übung 7
Seitliche Hals-, Nacken- und Schultermuskulatur

Im Schneidersitz neigen Sie den Kopf zu einer Seite (Ohr in Richtung Schulter) und führen den Arm der anderen Seite vor oder hinter den Körper. Dieser Arm wird von der anderen Hand gehalten und unterstützt den Zug der Schulter nach unten (keine »CHRS-Methode«).

Übung 8
Brustmuskeln

Diese Alternativübung zur Dehnung der Brustmuskulatur bei Rückenbeschwerden wird im Stehen durchgeführt. Stellen Sie sich an einen Türrahmen. Die Beine stehen in Schrittposition hüftbreit auseinander. Heben Sie den linken Arm an, und legen Sie den Unterarm gegen den Türrahmen. Verlagern Sie das Gewicht, indem Sie den Oberkörper nach vorn und rechts bewegen, bis Sie die Dehnung in der Brust spüren. Wechseln Sie dann die Seite.

»CHRS-Methode«: Den Arm gegen den Widerstand des Unterarmes anspannen und anschließend den Oberkörper für die Dehnung zur Seite und nach vorn verlagern.

Sie haben es geschafft! Wenn Sie jede Muskelgruppe oder Seite 30 Sekunden lang je zweimal gedehnt haben, fühlen Sie sich nach zwölf Minuten frei, entspannt und beweglich.

blitzfitness

Notprogramme für Eilige

Ran an den Speck

Weg mit den lästigen Problemzonen

Sie finden im Briefkasten die Einladung zu einer Hochzeit. Ihr erster Gedanke ist: »Wie schön«, Ihr zweiter: »Passt mir der Anzug noch?« – »Bekomme ich den Rock meines Kostüms noch zu?« Wenn alles noch passt – Glückwunsch. Wenn nicht – keine Panik. Bis zu dem besonderen Ereignis haben Sie bestimmt noch ein paar Wochen Zeit. Das reicht, um zumindest einen Teil der überschüssigen Pfunde loszuwerden.

Körpercheck – Wo liegen Ihre Problemzonen?

Analysieren Sie zunächst, wo sich Ihre Problemzonen befinden. Bauch, Hüfte und Oberschenkel sind besonders häufig von ungeliebten Fettpölsterchen betroffen. Manchmal lagert sich Unterhautfettgewebe aber auch gerne an den Oberarmen ab. Ergebnis: Muskelkonturen sind kaum noch zu erahnen.

Männer und Frauen können von unschönen Pölsterchen gleichermaßen betroffen sein, wobei sich das Fettgewebe bei Männern meistens vom Hosenbund aufwärts sichtbar ablagert.

Frauen neigen überwiegend vom Bauch abwärts, nicht selten aber auch am ganzen Körper zu überschüssigem Fettgewebe. Oft ist man aber gar nicht dicker geworden, sondern nur das Gewebe wurde weicher, weil die Muskulatur insgesamt abgenommen hat. In diesem Fall würde beispielsweise der Po in einem engen Kostüm oder Kleid recht flach gedrückt wirken, anstatt eine wohlgeformte Rundung zu bilden. Am Bauch ist kein »Waschbrett« mehr zu erkennen, und die Kontur der ehemals kräftigen Schultern geht fließend in den Oberarm über. Finden Sie heraus, wo Ihre Problemzonen liegen. Arbeiten Sie zuerst mit den entsprechenden Übungen an den Körperstellen, an denen sich etwas tun muss, damit die schönen Sachen wieder passen.

Schlank und knackig – So trainieren Sie richtig

Wenn Sie sich dazu durchgerungen haben, Ihre Problemzonen zu bekämpfen, sollten Sie aus den jeweiligen Programmen ab Seite 91 mindestens vier Übungen auswählen, die Sie regelmäßig durchführen. Sollten Sie alle Übungen eines Programmes schaffen, ist das sehr gut. Halten Sie sich an die Reihenfolge der Übungen, können Sie bequem von einer Position in die nächste wechseln. Sie brauchen keine Angst vor Muskelkater zu haben (siehe Seite 104ff.), wenn Sie auf Ihr subjektives Belastungsempfinden achten. Wenn die Muskulatur während der Übung anfängt, leicht zu ziehen oder zu brennen, ist das ein klares Indiz für Anstrengung. Geben Sie dann nicht sofort nach. Kosten Sie lieber diesen Belastungsschmerz kurz aus – aber übertreiben Sie es nicht.

Muskelaufbau

Wenn Sie nach einigen Trainings herausgefunden haben, wie hoch Ihre persönliche Trainingsdosis ist, und regelmäßig in diesem Bereich trainieren, erreichen Sie in den Stunden nach dem Training einen erhöhten Kalorienverbrauch. Sportwissenschaftler sind sich einig, dass bereits 15 bis 20 Minuten Körpertraining zweimal die Woche ausreichen, um sichtbare Erfolge zu erzielen. Die einzige Voraussetzung: Die gesetzten Trainingsreize müssen höher sein als die gewohnten Muskelbelastungen in Beruf und Alltag.

Muskelkater am folgenden Tag ist ein deutliches Indiz dafür, dass Sie zu viel zu intensiv trainiert und sich und Ihre Muskeln zu stark belastet haben.

Fettverbrennung

Wer sportlich aktiv ist, verbraucht Energie. Der Stoffwechsel arbeitet aber auch nach der Belastung noch intensiv. Wenn Sie zusätzlich auf Ihre Ernährung achten und weniger Kalorien zuführen, als Sie verbrauchen, nehmen Sie ab – Fettreserven werden angegriffen, und die Pölsterchen verschwinden. Der Körper sucht sich dabei aber selbst aus, wo er das Fett abbaut. Was die lokale Fettverbrennung betrifft, gehen die Meinungen in der Fachwelt auseinander. Es ist bisher noch nicht eindeutig nachgewiesen, dass man durch die länger dauernde Belastung einer Muskelgruppe das umliegende Fettgewebe reduzieren kann. Es kommt zwar zu muskulären Veränderungen, die als Straffung des Gewebes wahrnehmbar sind. Ob dies jedoch mit einem vor Ort angeregten Fettstoffwechsel gleichzusetzen ist, bleibt fraglich. Doch reichen – bei regelmäßigem Üben – diese Straffung und der allgemeine Fettabbau aus, damit Ihre Problemzonen wieder schön knackig werden.

Six-Pack-Training

Alles für den stahlharten Waschbrettbauch

Das eine oder andere Bierchen am Abend war wohl doch zu viel: Der Bauch verhindert, dass die Hose zugeht, oder hängt über den Bund. Also, ran an den Speck! Das folgende Kurzprogramm für alle, die schnell einen festeren Bauch wollen, ist mitunter hart, aber sehr effektiv.

Trainingsgrundlagen – Schritt für Schritt zum Erfolg

Variieren Sie Ihr Training, indem Sie mit den Wiederholungen und der Übungszeit spielen. Probieren Sie aus, was Ihnen liegt. Wiederholen Sie alle Übungen 20- bis 30-mal. Reduzieren Sie die Wiederholungszahl, wenn Sie fühlen, dass sie nicht zu schaffen ist. Beginnen Sie dann mit 10 bis 15 Wiederholungen, und steigern Sie sich langsam. Wenn Sie schon wissen, dass Sie sich bei den Wiederholungen immer verzählen werden, schauen Sie einfach auf die Uhr. Wiederholen Sie die Übungen anfangs 30 Sekunden lang. Wenn das zu lange ist, weil die Muskeln zu sehr brennen, reduzieren Sie die Zeit zunächst auf 15 Sekunden. Steigern Sie sich dann aber, indem Sie die Übungszeit immer um fünf Sekunden erhöhen. Dehnen Sie so die Übungsdauer auf etwa drei Minuten aus.

Halten Sie beim Üben die Lendenwirbelsäule auf der Unterlage.

Übung 1
Gerade Bauchmuskeln

Legen Sie sich auf den Rücken, und stellen Sie ein Bein angewinkelt auf. Das andere strecken Sie möglichst gerade nach oben. Beide Arme bewegen sich gestreckt in Richtung der Zehen des angehobenen Beines. Kopf und Schultern heben dabei gleichmäßig ab. Senken Sie den Oberkörper langsam wieder, ohne ihn jedoch ganz abzulegen. Heben Sie ihn dann erneut an. Nach der angegebenen Wiederholungszahl wechseln Sie das Bein.

Übung 2
Schräge Bauchmuskeln

Grundposition wie Übung 1. Legen Sie aber das zuvor gestreckte Bein mit dem Unterschenkel auf dem anderen Bein ab. Falten Sie die Arme vor der Brust, und bewegen Sie sich mit der Schulter, die dem oben liegenden Bein diagonal gegenüberliegt, auf dessen Knie zu. Absenken ohne Ablegen und nach den erreichten Wiederholungen die Seite wechseln.

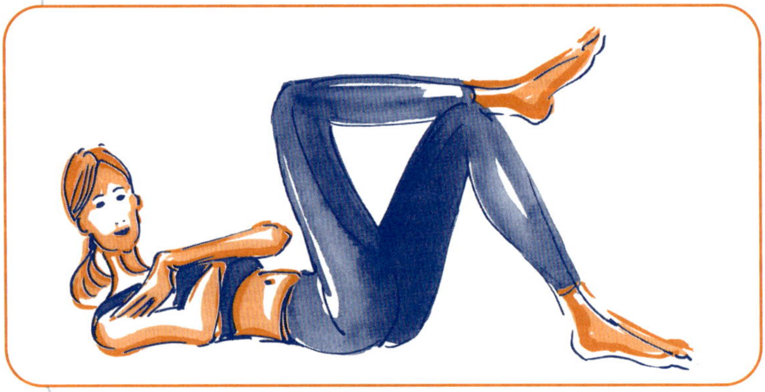

Übung 3
Gerade Bauchmuskeln

Heben Sie in der Rückenlage beide Beine angewinkelt an. Führen Sie Ihre Handgelenke zu den Ohren. Die Ellbogen bleiben zusammen. Heben Sie Kopf und Schultern etwas vom Boden ab, und senken Sie sie dann wieder, ohne sie ganz abzulegen. Erneut anheben und senken. Die Halswirbelsäule bleibt dabei möglichst gerade. Der Blick ist zur Decke gerichtet.

Variante: Die folgende Variante ist nur etwas für Fortgeschrittene. Legen Sie sich auf den Rücken, und heben Sie nun beide Beine gestreckt in die Luft. Führen Sie die Hände an die Ohren, die beiden Ellbogen zeigen nach außen. Heben Sie nun Kopf und Schultern vom Boden ab, und senken Sie sie dann wieder, ohne sie abzulegen. Anschließend schieben Sie die Fußsohlen in Richtung Decke. Die Bewegung von Ober- und Unterkörper führen Sie abwechselnd aus. Der Hals bleibt die ganze Zeit über gerade, senken Sie also nicht das Kinn auf die Brust. Achten Sie darauf, dass der Atem ruhig und gleichmäßig fließt: Beim Anspannen ausatmen, beim Entspannen einatmen.

Die gestreckten Beine lassen sich leichter kontrollieren, wenn Sie sie während der Übung überkreuzen.

Übung 4
Gerade Bauchmuskeln

In der Rückenlage liegen die Arme parallel neben dem Körper. Die Beine sind im Hüft- und Kniegelenk im 90-Grad-Winkel gebeugt. Heben Sie das Becken ganz leicht an. Die Knie bewegen sich dabei möglichst gerade in Richtung Decke. Dann kontrolliert wieder senken (keine Wippbewegungen). Wer die Übung kaum oder vielleicht gar nicht durchführen kann, begnügt sich mit dem Spannungsaufbau in der Bauchmuskulatur.

Übung 5
Schräge Bauchmuskeln

Nehmen Sie die gleiche Ausgangsposition wie bei Übung 4 ein. Heben Sie aber jetzt nur ein Knie zur Decke hin an. Es geht also nur eine Seite des Beckens nach oben.

Variante: Die Übungen 4 und 5 lassen sich sehr gut mit einem Partner durchführen. Dieser stellt sich hinter Sie. Ihre Hände umfassen seine Fußgelenke, während Sie das Becken vorsichtig anheben. Als Partnerübung ist dieses Bauchtraining leichter, lassen Sie sich dennoch nicht dazu verleiten, das Becken zu weit anzuheben.

Wenn Sie die Übungen alleine machen müssen, aber dennoch eine Erleichterung benötigen, führen Sie mit abgelegten Armen die gestreckten Beine bzw. nur ein gestrecktes Bein in Richtung Decke.

Zirkeltraining

Sie haben sich bereits Ihre Lieblingsübungen ausgesucht? Gut, dann machen Sie jetzt ein Zirkeltraining. Wenn Sie die erste Trainingsrunde hinter sich haben, legen Sie gleich wieder mit der ersten Übung los. Eine kleine Pause dürfen Sie zwischendurch aber schon machen. Insgesamt üben Sie drei bis fünf Durchgänge. Die Anzahl hängt natürlich von Ihrem aktuellen Trainingszustand ab. Wenn Sie regelmäßig trainieren – wenigstens alle zwei Tage –, werden Sie sehr bald einen spürbaren Erfolg erzielen und Trainingsfortschritte machen. Sie schaffen mehr Wiederholungen oder können länger üben.

Ganzkörpertraining

Bizeps wie Arnold oder Konturen wie Jennifer Lopez

Das Ganzkörperprogramm dient dem Muskelaufbau. Wer bisher untrainiert war, erzielt damit auf jeden Fall Erfolge. Aber keine Angst, übermäßig große Muskelpakete à la Schwarzenegger werden Sie nicht aufbauen.

Oberkörper-Workout – Liegestütze und Co.

Die folgenden Übungen trainieren den gesamten Oberkörper. Vor allem Liegestütze sind der Klassiker für diesen Bereich. Aber wer schafft schon untrainiert mehrere einwandfrei ausgeführte Liegestütze hintereinander? Da es mit Ihrer Form vermutlich (noch) nicht zum Besten steht, finden Sie hier die abgespeckte Form des effektiven Arm- und Brusttrainings. Richtig ausgeführt ist diese nicht minder effektiv, und Sie können die Spannung im Bauch besser halten, damit Ihre Lendenwirbelsäule geschützt ist. Achten Sie darauf, dass Sie bei der Streckung am Ende noch leicht gebeugte Ellbogen beibehalten. Wiederholen Sie die Übungen 10- bis 15-mal, oder führen Sie sie 30 Sekunden lang aus. Wer mehr Wiederholungen machen möchte, soll es ruhig versuchen. Mit regelmäßigem Training wird es sicher gelingen.

Achten Sie bei allen Übungen auf einen festen Bauch und Po, um die Rumpfspannung zu gewährleisten.

Übung 1
Brustmuskulatur und Trizeps

Gehen Sie in den Vierfüßlerstand. Die Arme befinden sich auf Schulterhöhe. Wenn Sie die Arme weiter auseinander nehmen, beanspruchen Sie Ihre Brustmuskeln noch intensiver. Je weiter Sie die Knie nach hinten verlagern, umso stärker lastet Ihr Gewicht auf der Arm- und Brustmuskulatur. Probieren Sie aus, welche Position Ihren Ansprüchen gerecht wird. Beugen und strecken Sie nun die Arme.

Variante:
Verharren Sie zunächst in der gebeugten Position, und üben Sie kleine federnde Bewegungen aus. Je nach Möglichkeit etwa 15 bis 30 Wiederholungen.

Übung 2
Brustmuskulatur und Trizeps

Nehmen Sie die Hände so eng zusammen, dass Sie mit den Zeigefingern und Daumen ein Dreieck bilden können. Beim Beugen bewegen Sie die Nasenspitze auf die Hände zu. Bei der anschließenden Streckung beanspruchen Sie durch die enge Handstellung verstärkt den Trizeps.

Übung 3 Trizeps, Schulter und Rücken

Setzen Sie sich in den Schneidersitz. Richten Sie sich auf,und nehmen Sie ein Seil, Handtuch oder Gummiband (Theraband), und halten Sie dieses bei fast gestreckten Armen über den Kopf. Ziehen Sie nun die Arme auseinander, bis Sie die Spannung deutlich spüren. Drehen Sie den Oberkörper, und spannen Sie vorsichtig federnd die Armmuskulatur weiter nach außen an. Vor dem Seitenwechsel drehen Sie den Oberkörper wieder in die Mitte und verharren kurz. Halten Sie während der ganzen Übung konstant die Spannung im Rumpf.

Übung 4 Arme, Rücken und Brust

Gehen Sie in den Vierfüßlerstand. Legen Sie den Spann Ihrer Füße auf dem Boden ab. Heben Sie nun Ihre Knie an, und senken Sie sie wieder, ohne jedoch den Boden zu berühren. Die Gewichtslast verteilt sich auf die Schultern und die Arme sowie die Füße.

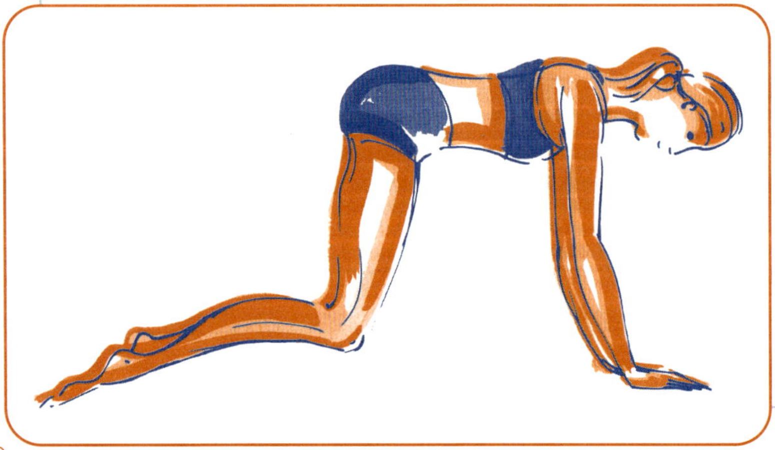

Steigerung:
Halten Sie die Knie oben, und beugen Sie die Arme wie bei den Liegestützen (Übung 1).

Übung 5
Rüchen und Schulter-muskulatur

Legen Sie sich auf den Bauch, und führen Sie ein Bein seitlich nach oben (Knie- und Hüftbeugung). Die Arme liegen schulterbreit in Verlängerung des Körpers. Der Blick geht mit leicht angehobenem Kopf zum Boden. Während ein Arm abgehoben wird, stabilisiert der andere durch Druck auf den Boden die Position, dann wechselt man die Seite. Mit zunehmender Übung kann man auch beide Arme gleichzeitig abheben und einige Sekunden halten, ablegen und erneut abheben. Wechseln Sie bei der nächsten Runde die Stellung der Beine.

Variante: Wenn Sie Ihre Lendenwirbelsäule in der Grundposition der Übung 5 so gut kontrollieren, dass Sie beide Arme vom Boden heben können, sollten Sie es einmal mit dieser Variante versuchen. Führen Sie die Hände zu den Ohren. Federn Sie dann mit den Ellbogen in kleinen Bewegungen nach oben. Heben Sie dabei den Kopf nicht weiter an, der Blick bleibt immer auf den Boden gerichtet. Nach einigen Wiederholungen wechseln Sie dann die Beinstellung und gehen zur nächsten Runde über.

Beine und Po – So werden die Konturen wieder fest

Arbeiten Sie bei diesem Programm wieder mit 20 bis 30 Wiederholungen oder aber einer Trainingszeit von etwa 30 Sekunden bis zu maximal drei Minuten pro Übung.

Übung 1
Beinstrecker, Beininnenseite und Gesäß

Stellen Sie sich mit gegrätschten Beinen hin. Ihr Oberkörper ist aufrecht oder – bei geradem Rücken – leicht nach vorn gebeugt. Die Füße sind etwas nach außen gedreht, die Knie befinden sich mit den Füßen auf einer Linie. Beugen und strecken Sie nun die Beine. Stoppen Sie bei der Aufwärtsbewegung kurz vor der Endstreckung. Achten Sie beim Beugen darauf, dass die Knie von oben gesehen immer hinter den Zehen bleiben.

Übung 2
Gesäß

Gehen Sie in den Vierfüßlerstand, und heben Sie ein Bein bei gebeugtem Knie nach hinten an. Führen Sie Ihr Knie in kleinen Bewegungen auf und ab. Der Winkel zwischen Ober- und Unterschenkel verändert sich dabei nicht. Die Aufwärtsbewegung darf maximal bis zur Hüftstreckung erfolgen. Halten Sie während der Ausführung den Rücken gerade. Wechseln Sie dann die Seite.

Übung 3
Beinrückseite
und Po

Bleiben Sie in der Ausgangsposition von Übung 2. Strecken Sie das angehobene Bein, und beugen Sie es dann wieder bis auf 90 Grad im Kniegelenk. Im Wechsel strecken und beugen, der Oberschenkel bleibt während der gesamten Übungsdauer immer auf derselben Höhe. Dann die Seite wechseln.

Übung 4
Beinaußenseite und Gesäß

Legen Sie sich auf die Seite, und winkeln Sie das untere Bein an. Das obere wird gestreckt. Legen Sie den Kopf auf den unteren Arm, und stützen Sie sich mit dem oberen vor dem Körper ab. Bewegen Sie das gestreckte Bein auf und ab. Die Leiste soll gestreckt bleiben, kein Ausweichen der Hüfte nach hinten. Das arbeitende Bein bildet mit dem Körper immer eine Linie. Die Zehen ziehen Sie während der Bewegung heran. Wechseln Sie nach den vorgegebenen Wiederholungen nicht die Seite, sondern gehen Sie gleich zu Übung 5 über.

Übung 5
Beininnenseite

Beugen Sie das obere Bein nach vorn, und legen Sie es ab. Das untere Bein wird in Verlängerung des Körpers ausgestreckt. Ziehen Sie die Zehen des unteren Beins heran, und heben Sie es in kleinen Bewegungen auf und ab. Berühren Sie den Boden erst wieder, wenn die Trainingsrunde beendet ist und Sie erneut mit Übung 4 auf der anderen Seite beginnen.

Übung 6
Potraining

Bei dieser Übung können Sie neben der Kräftigung des Gesäßmuskels zugleich feststellen, ob Ihre Hüftbeugemuskulatur gut gedehnt ist. Gehen Sie auf die Knie, und legen Sie den Oberkörper auf den Oberschenkeln ab. Ein Bein strecken Sie nun nach hinten aus. Das gesamte Körpergewicht liegt auf dem angezogenen Bein. Nun beugen Sie das Kniegelenk des hinteren Beines und heben das Knie etwas vom Boden ab. Wenn die Bewegung nicht möglich ist, reicht vorerst der Spannungsaufbau.

Die Ursache dafür, dass Sie das gestreckte Bein nicht anheben können, ist entweder eine Schwäche des Gesäßmuskels, ein stark verkürzter Hüftbeuger oder beides. Die Übung ist also ein hervorragender Gradmesser für Ihren Leistungsstand, und sie zeigt Ihnen Ihre körperlichen Schwächen. Wenn Sie es tatsächlich nicht schaffen, die Bewegung auszuführen, ist das also kein Grund zum Verzweifeln. Außerdem können Sie Abhilfe schaffen, indem Sie regelmäßig die anderen Übungen trainieren und die Poübung immer wieder einmal ausprobieren, um Ihr Leistungsniveau zu überprüfen. Sie werden spüren, wie fit Ihr Po bald ist. Arbeiten Sie außerdem an der Dehnung Ihres Hüftbeugers (siehe Übung Seite 83), dann sind Sie noch schneller erfolgreich.

Trainingsbegleiter Muskelkater

Sorgen Sie vor

Ob Muskelkater Ihr Trainingsbegleiter wird, entscheiden Sie ganz alleine. Fest steht jedenfalls: Ein Muskelkater ist kein (!) Gradmesser für ein gutes Training. Das Gegenteil ist der Fall. Wenn überhaupt, kann man an der Schwere des Muskelkaters wahrnehmen, wie intensiv die jeweilige Muskulatur trainiert wurde. Wer sich am Morgen »danach« mit quälenden Schmerzen aus dem Bett erhebt, hat sich jedenfalls zu viel zugemutet.

Muskelkater – Folge ungewohnter Belastung

Ein Muskelkater ist etwa ein bis zwei Tage nach ungewohnten oder besonders intensiven Belastungen spürbar und kann bis zu einer Woche dauern. Die betroffene Muskulatur ist hart, kraftlos und mitunter geschwollen. Der Betroffene fühlt sich unbeweglich, seine Muskeln schmerzen bei Druck und Bewegung. Die Veränderungen sind meist die Folge von sehr intensivem Training. Sie können aber auch dann eintreten, wenn die Muskeln lange nicht gefordert wurden. Daher kann also auch Ihr alltägliches Training nebenbei leichten Muskelkater auslösen. Er sollte Sie allerdings nicht übermäßig beeinträchtigen, sonst hätten Sie sich tatsächlich überlastet. Erlaubt ist ein dezenter Spannungsschmerz, der Sie nur darauf hinweist, dass Sie sich im richtigen Maß bewegt haben. Wenn Ihnen der Spaß vergeht und Sie sich nicht mehr trauen zu lachen, weil Ihnen der Bauch dabei so weh tut, schalten Sie beim Training einen Gang zurück.

Wie Muskelkater entsteht

Muskelkater entsteht nach einer Überlastung der Muskulatur. Geradezu typisch ist der Muskelkater nach so genannten exzentrischen Belastungen, also nach Bewegungen, die von der Muskulatur abgebremst wurden – beispielsweise beim Bergabgehen. Hierbei wird von der einzelnen Muskelfaser mehr Kraft abverlangt, als dies beim normalen »Arbeiten« der Fall ist. Dadurch sind Verletzungen der Muskelfasern möglich.

Wenn der Muskelkater zuschlägt

Zunächst bemerken Sie nur den Kraftverlust in der betroffenen Muskulatur, nicht mehr alle Muskelfasern arbeiten optimal. Danach kommt es zu Schwellungen im Gewebe, da die zerstörten Strukturen im Muskelinneren vom Körper abgebaut werden müssen. Außerdem setzt der Organismus Substanzen frei, durch die die betreffenden Nerven gereizt werden, was zu Schmerzen führt. Dadurch wiederum kommt es zu so genannten reflektorischen Verspannungen, die – sehr zum Leidwesen des Betroffenen – die Beschwerden noch verstärken.

Der Schaden in der Muskelfaser schmerzt zwar, er ist allerdings so gering, dass keine bleibenden Schäden zu befürchten sind.

Die Erkenntnisse über den Muskelkater verdankt man Untersuchungen aus den achtziger Jahren. Damals wurden Sportler nach bestimmten Belastungen Muskelproben entnommen. Es stellte sich heraus, dass Muskelkater primär auf die mikroskopisch kleinen Verletzungen zurückzuführen ist. Die viele Jahre unter Sportwissenschaftlern gängige Meinung, dass Muskelkater durch eine besonders hohe Konzentration von Milchsäure verursacht würde, ist seitdem nicht mehr haltbar. Ein stoffwechselbedingter Muskelkater ist höchstens nach extremen Dauerbelastungen möglich. In diesem Fall werden Strukturen geschädigt, die für den Stoffwechsel der Muskelzelle wichtig sind. Mit überhöhten Milchsäurekonzentrationen hat dies nichts zu tun.

Kein Anfängerfehler

Muskelkater ist ein klares Indiz für eine Überlastung und kann auch Hochleistungssportler treffen. Nach Belastungen, bei denen man Kräfte nicht abgebremst, sondern überwunden hat (Beispiel Bauchtraining), schmerzen besonders jene Muskeln, die für die jeweilige Anforderung am schlechtesten trainiert sind. Der Muskel arbeitet dann konzentrisch (kraftüberwindend). Den Trainingszustand macht hierbei nicht allein die Muskelmasse aus, sondern vielmehr das Zusammenspiel der einzelnen Fasern im Muskel: die so genannte intramuskuläre Koordination. So können zweifellos auch Hochleistungssportler, vor allem nach Wettkämpfen, von Muskelkater betroffen sein. Ein Judoka kann beispielsweise nach einem Turnier, bei dem er viele Kämpfe über die volle Kampfzeit absolviert hat, am folgenden Tag den »Kater« spüren. Die Ursache hierfür begründet sich in dem verschlechterten Zusammenspiel der Muskelfasern, nachdem die jeweilige Muskulatur des Sportlers mit zunehmender Belastung irgendwann einen Erschöpfungszustand erreicht hat.

Muskelkater vermeiden – Hören Sie auf Ihre innere Stimme

Der Freizeitsportler muss keine Höchstleistungen vollbringen, ihm ist es jederzeit möglich, sein Trainingsprogramm auf seine individuellen Bedürfnisse abzustimmen. Es ist kaum zu erwarten, dass Sie bei Ihrem Training nebenbei tatsächlich Muskelkater verspüren werden. Das Fersenwippen beim Zähneputzen oder Ihr Rückentraining im Büro fordert Sie zwar über das bisher normale Maß hinaus, dennoch liegt es in einem Rahmen, der eine Überforderung eher ausschließt. Ganz anders kann sich aber das Training der Notprogramme auswirken. Hier ist Ihr Körpergefühl gefragt. Bei aller Motivation sollten Sie sich langsam an die vorgeschlagenen Höchstwerte herantasten. Das garantiert Ihnen Erfolg ohne Schmerzen. Am Tag nach dem Training darf man nur ein deutliches Müdigkeitsgefühl in der jeweiligen Muskulatur spüren, aber keine Schmerzen.

Bewusst trainieren

Die beste Therapie des Muskelkaters ist also immer noch, ihn gar nicht erst entstehen zu lassen. Wer seine Trainingseinheit mit dem richtigen Bewusstsein beginnt, für den gehört Muskelkater endgültig der Vergangenheit an. Am besten ist es natürlich, wenn man sich mit einem entsprechend abgestimmten Aufwärmprogramm auf die kommende Belastung vorbereitet. Ganz besonders dann, wenn Sie sich nach einer längeren Trainingspause wieder mit Ihren Freunden zum Sport treffen. Oft ist die Versuchung gerade beim Tennis, Badminton, Squash und bei den Mannschaftssportarten sehr groß, einmal wieder so richtig loszulegen. Bedenken Sie aber,

dass ein hoher Kraftaufwand und extreme Bewegungsamplituden ganz klare Auswirkungen auf Ihr Befinden am nächsten Tag haben werden. Lassen Sie sich nicht vom Sport abhalten, aber vergessen Sie übermäßigen Ehrgeiz.
Die ideale Vorbeugung ist ein behutsamer Trainingsbeginn mit fortwährender Steigerung von Mal zu Mal. Wer nach einer längeren Pause wieder ins Sportgeschehen einsteigt, sollte es seiner Muskulatur zunächst ermöglichen, sich mit den altbekannten Aktivitäten wieder »anzufreunden«.
Wenn Sie neue motorische Abläufe einstudieren, beginnen Sie auch hier langsam. Wenn Sie den Spaß an sportlicher Bewegung wieder entdeckt haben, dann haben Sie vielleicht auch Lust, Ihre Muskeln auf neue Belastungen besser vorzubereiten. So ermöglicht Ihnen ein gezieltes Krafttraining, die speziell benötigten muskulären Grundlagen zu bilden. Dann ist es wiederum ein Leichtes, mit dem dosierten Techniktraining zu beginnen.
Also, lieber öfter mal eine Atempause einlegen, statt permanent und ohne Pausen zu üben. Trotzdem gibt es auch heute noch Trainer, die glauben, dass man die Schmerzen nach dem Training benötigt, um zu spüren, was man geleistet hat. Sollten Sie einmal einem solchen »Fachmann« ausgeliefert sein, hinterfragen Sie besser seine Qualifikation. Auch wenn ein starker Muskelkater keine bleibenden Schäden hinterlässt, Sie müssen ihn hinterher durchstehen – nicht der Trainer. Lassen Sie sich jetzt also nichts mehr erzählen.
Wer dennoch trotz Muskelkater unbeirrt weitertrainiert, riskiert mitunter ernsthaftere Verletzungen. Ein schwerer Muskelkater kann durchaus die Vorstufe für eine Muskelzerrung oder einen Muskelriss sein.

Schmerz lass' nach – Wenn es trotzdem passiert

Wenn Sie der Muskelkater tatsächlich einmal erwischt hat, sollten Sie sich schonen und das Training unterbrechen oder auf eine andere Muskelgruppe ausweichen, die nicht von den Schmerzen betroffen ist. Wer weitertrainieren möchte, sollte vor allem hohe Kraftbelastungen vermeiden. Leichte konzentrische Bewegungsabläufe, wie etwa Fahrradfahren, wirken sich dagegen schmerzlindernd aus. Auch durch vorsichtiges Dehnen lässt sich der Bewegungsschmerz vorübergehend abschwächen. Außerdem erhält das verletzte Gewebe durch die Dehnung hinsichtlich seiner Strukturanordnung wichtige Informationen, die die Heilung unterstützen. Es entsteht also kein chaotisches Narbengewebe, sondern geordnetes Muskelgewebe.

Wärme hilft

Wärme wirkt krampflösend, so dass Infrarotlicht, warmes Duschen, ein heißes Vollbad oder auch Saunagänge empfehlenswert sind. Von Massagen ist abzuraten. Allenfalls sanfte Reibung, deren Wirkung durch ätherische Öle noch unterstützt werden kann, ist erlaubt.

Ein wunderbares Mittel gegen Muskelkater ist Teebaumöl. Einfach 10 Tropfen davon in 100 Milliliter Jojobaöl geben und unterrühren. Mit dieser Ölmischung können Sie dann die schmerzenden Muskeln sanft einreiben. Merke: Immer zum Herzen hin streichen.

Literatur

Bücher:

Aktion gesunder Rücken (Hrsg.):
Rückengerechte Verhältnisprävention, Selsingen, 2003

De Marées, Horst:
Sportphysiologie, Verlag Sport und Buch Strauß, Köln, 2003

Markworth, Peter:
Sportmedizin, Rowohlt Taschenbuch Verlag, Reinbek, 2003

Weineck, Jürgen:
Optimales Training, Spitta Verlag, Bahlingen, 2003

Zeitschriften:

GEO, Nr. 8, August 2001

Weiterführende Literatur:

Grabbe, Dieter:
Move and Relax, München, 2002

Krause, Dietmar:
Was für den Rücken gut ist, Verlag im Kilian, Marburg, 2001

von Rosenberg, Christiana:
No Stress – Das Fitnessprogramm für mehr Lebensqualität, München, 2002

Adressen

Aktion gesunder Rücken e.V.
Postfach 103
27443 Selsingen
Tel.: 0700/24711111
www.agr-ev.de

Der hier erhältliche »Einkaufsleitfaden für rückengerechte Produkte« zeigt, wie Sie sich und Ihrem Rücken das Leben leichter machen können.

www.dtb-online.de
Auf der Internetseite des Deutschen Turnerbundes finden Sie Informationen zu diversen Sportangeboten.

www.richtigfit.de
Diese Seite des Deutschen Sportbundes informiert über Themen wie Ernährung, Entspannung, Sportverletzungen und natürlich Fitness.

www.wirbelsaeulenliga.de
Hier finden Sie Interessantes zu den Themen Rückenbeschwerden, Rückentraining und Therapieformen bei Wirbelsäulenproblemen.

Register

Impressum

Die Autorin

Yvonne Wagner studierte an der Sporthochschule Köln. Als Diplom-Sportlehrerin hospitierte sie in Sportredaktionen verschiedener Tageszeitungen und in der Sportredaktion das Hessischen Rundfunks. Seit 1990 arbeitet sie als Fitnessberaterin und Trainerin in einem Fitnessstudio. Seit 1992 ist sie freie Mitarbeiterin der FAZ und außerdem noch tätig als Judolehrerin.

Hinweis

Die Ratschläge/Informationen in diesem Buch sind von Autorin und Verlag sorgfältig erwogen und geprüft, dennoch kann eine Garantie nicht übernommen werden. Eine Haftung der Autorin bzw. des Verlags und seiner Beauftragten für Personen-, Sach- und Vermögensschäden ist ausgeschlossen.

ISBN 3-517-06757-1

Redaktion:
Christopher Hammond, München

Bildredaktion:
Tanja Nerger

Bildnachweis:
JdF, Hamburg: U1; Jump, Hamburg: Kapitel S. 6, 28, 38, 62 (Kristiane Vey), S. 86 (M. Grundt)

Illustrationen:
Franz W. Pichler, München

Umschlag- und Innenlayout, Satz:
Eva M. Salzgeber, München

Druck und Bindung:
Alcione, Trento
Printed in Italy

817-2635-4453-6271